Alfred Oehlke

Freiherr vom Stein
Ein Zeit- und Lebensbild

SE**V**ERUS

Oehlke, Alfred: Freiherr vom Stein. Ein Zeit- und Lebensbild
Hamburg, SEVERUS Verlag 2013

ISBN: 978-3-86347-448-5
Druck: SEVERUS Verlag, Hamburg, 2013
Lektorat: Franziska Heydrich

Der Text der vorliegenden Edition folgt der Ausgabe:
Alfred Oehlke: Freiherr vom Stein. Ein Zeit- und Lebensbild. Glogau 1922

Der SEVERUS Verlag ist ein Imprint der Diplomica Verlag GmbH.

Bibliografische Information der Deutschen Nationalbibliothek:
Die Deutsche Nationalbibliothek verzeichnet diese Publikation in der Deutschen Nationalbibliografie; detaillierte bibliografische Daten sind im Internet über http://dnb.d-nb.de abrufbar.

© **SEVERUS Verlag**
http://www.severus-verlag.de, Hamburg 2013
Printed in Germany
Alle Rechte vorbehalten.

Der SEVERUS Verlag übernimmt keine juristische Verantwortung oder irgendeine Haftung für evtl. fehlerhafte Angaben und deren Folgen.

seVERUS

Inhaltsverzeichnis

Einleitung 3

Steins Jugend-, Lehr- und Wanderjahre 6

Steins Tätigkeit in Westfalen 21

Stein als preußischer Finanzminister 43

Stein als Reformator Preußens 75

Stein in der Verbannung und bei dem Zaren
Alexander von Rußland 110

Die Befreiung des Vaterlandes 126

Steins letzte Lebensjahre 141

EINLEITUNG

Die unverwüstliche Spannkraft des deutschen Volkes hat sich in seiner Geschichte niemals glänzender bewährt als in den Zeiten des Unglücks. Wenn wir bei andern Völkern gar oft beobachten können, wie nationale Niederlagen einen lähmenden, wenn nicht vernichtenden Einfluß auf ihre sittliche Kraft ausgeübt haben, so sehen wir bei dem deutschen Volke wiederholt sich dessen edelste Eigenschaften gerade dann am sichtbarsten entfalten, wenn es seinem Untergange nahe zu sein schien. So am Ausgang des Dreißig-jährigen Krieges, und so auch nach jenen Unglückstagen von Jena und Auerstädt im Oktober 1806, als der preußische Staat dem ersten napoleonischen Ansturm scheinbar rettungslos erlegen war. – Als der Friede zu Tilsit im Juli 1807 geschlossen war, da meinte der übermütige korsische Eroberer des Staates, den der große Friedrich so fest gefügt, endgültig Herr zu sein, und in der Tat war die Lage Preußens eine verzweifelte. Alle Gebiete links von der Elbe hatte es dem Sieger abtreten müssen, der Feind verblieb auch weiterhin noch im Lande, und dazu lastete auf der unglücklichen Bevölkerung eine schier unerschwingliche Kriegskostenschuld, deren ungeheure Höhe genau zu bestimmen, Napoleon sich in schlimmer Absicht immer noch vorbehielt.

Dennoch aber sehen wir in diesem so arg zertretenen Staate keine Mutlosigkeit, keine Erschlaffung, keine Verdumpfung der Volksseele; im Gegenteil, das ganze Voll ist nur erfüllt von dem einen heißen Wunsche, die schmachvollen Ketten zu zerreißen und auch das Letzte daranzusetzen, um die napoleonische Weltherrschast zu zertrümmern und das Vaterland wieder frei und groß zu machen. Rüstig gehen König und Volk in gemeinsamer Arbeit ans Werk, um wieder aufzubauen, was das Verhängnis so jäh und grausam niedergerissen, und so begegnen wir der in der Geschichte aller Völker vielleicht einzig dastehenden Erscheinung, daß ein Staat, der sich in den Händen des mächtigsten und rücksichtslosesten Eroberers befindet, es trotzdem wagt, eine durchgreifende Reform, eine völlige Umgestaltung seiner inneren Einrichtungen kühn in Angriff zu nehmen. Und dieses fast unglaubliche Wagnis wird nicht nur versucht, sondern es wird auch durchgesetzt und zeitigt einen Erfolg, der bald die staunende Bewunderung der ganzen Welt auf sich ziehen sollte. War es doch dasselbe Preußen, das 1806 und 1807 so jäh zerschmettert erschien, das schon nach sieben Jahren wiederum als erster in den Reihen derjenigen Staaten stand, die sich verbunden hatten, um Europa von dem napoleonischen Joche zu befreien.

Freilich solche Zeiten und solche Umstände verlangen Männer; Männer, die es verstehen, ihr Volk zu leiten und die Kräfte der Nation am rechten Punkt zu sammeln. Es war eine glückliche Fügung des Schicksals, daß jener Epoche die großen Männer, die sie heischte, nicht gefehlt haben. Mit tiefer Dankbarkeit und Bewunderung gedenkt das heutige Geschlecht der Taten Scharnhorsts, Yorks, Gneisenaus, Blüchers und Hardenbergs, die damals die Führer unseres Volkes waren. Alle aber überstrahlt die glänzende Gestalt des Freiherrn vom Stein, dem die Errettung des Vaterlandes in erster Linie zu danken ist, und der als eine der herrlichsten und machtvollsten Persönlichkeiten erscheint, die unsere deutsche Geschichte aufzuweisen hat. Scharnhorst war es, der nach der Niederlage Preußens ein neues Heer auf neuer Grundlage, „ein Volk in Waffen", zu schaffen wußte; Yorks todesmutiger Entschlossenheit ist es zu danken, wenn 1812 im rechten Augenblick der Anstoß zur Lossagung von dem aufgezwungenen Bündnis mit Napoleon gegeben wurde; Gneisenau war der große Schlachtendenker, der „Kopf Blüchers", wie dieser feurig tapfere Marschall „Vorwärts" selbst gerne versicherte, und Hardenberg war der Staatsmann, der neben Stein und nach Stein dem Könige bei der Leitung der äußeren und inneren Politik zur Seite stand. Stein aber schuf die Grundlagen des neuen Preußens, wie es entstand trotz der napoleonischen Unterdrückung. Er war der Angelpunkt der gesamten großen Reformbewegung, die nach tiefem Falle des Vaterlandes zu neuer Größe emporführte. Es verlohnt daher wohl die Mühe, sich die einzelnen Züge in dem Wesen dieses vorbildlichen Mannes fest einzuprägen als des Musters deutscher Geisteskraft, Arbeitsfähigkeit, Festigkeit und Edelsinnes.

STEINS JUGEND-, LEHR- UND WANDERJAHRE

„Ich kenne den vom Stein und seine Fähigkeiten gar nicht; gleich Oberbergrat ist doch ein bißchen viel; was hat er denn getan, um das zu verdienen? Um das zu werden, müßte man sich doch ein bißchen distinguieret haben", so ungefähr schrieb der große König Friedrich II., der trotz der siebzig Jahre, die er damals bereits zählte, in seinem Staate nichts von einiger Wichtigkeit ohne seinen Willen geschehen ließ, als der Minister von Heinitz im März 1782 die Ernennung des damals noch nicht 25-jährigen Kämmerers im Preußischen Bergwerks- und Hüttendepartement Freiherrn vom Stein zum Oberbergrat vorgeschlagen hatte. Indes der Minister war nicht in Verlegenheit, seinen Vorschlag zu begründen. Er erwiderte, der junge Stein habe sich durch akademischen Fleiß und auf Reisen nach Ungarn, Steiermark und andern deutschen Provinzen bei einsichtiger Untersuchung der Berg- und Hüttenwerke, besonders der Stahl- und Eisenfabriken, so gute Kenntnisse erworben, daß er schon damals, als der Minister ihm vorgeschlagen, sich des Königs Dienste zu widmen, einer Oberbergratstelle hätte verstehen können; seit zwei Jahren habe er sich durch Eifer und Fleiß ausgezeichnet, auch viele wichtige Sachen bearbeitet, und der Minister wiederhole also seinen Antrag mit der Versicherung, daß er den vom Stein für tüchtig halte und solchergestalt in des Königs Dienste zu erhalten wünsche. Auf dieses Zeugnis hin genehmigte der König am 7. März 1782 die Ernennung Steins zum preußischen Oberbergrat.

Auch wir glauben dem für Stein so überaus ehrenvollen Zeugnis des gewissenhaften und ausgezeichneten Ministers von Heinitz, der sich um die Hebung des Bergwerks- und Hüttenwesens in Preußen die größten Verdienste erworben hat, gern aufs Wort. Wir wollen aber darum doch auf die Entwicklung Steins einen Rückblick werfen und den Werdegang unseres Helden von Anbeginn an betrachten.

Heinrich Friedrich Karl Freiherr vom Stein war entstammt einem der ältesten reichsunmittelbaren Adelsgeschlechter. Er wurde am 26. Oktober 1757, also zehn Tage vor der Schlacht bei Roßbach, auf dem Stammsitz seiner Väter in Nassau an der Lahn geboren.

Die Reichsunmittelbaren jener Zeit, die keinem Landesfürsten untertan waren, sondern nur den Kaiser als ihren Herrn anerkannten, und die zudem oft gegen die immer wieder versuchten Übergriffe einzelner Fürsten anzukämpfen hatten, um ihre Unabhängigkeit zu wahren, fühlten ihre Aufgabe hauptsächlich darin, das Ansehen des Kaisers und des Reiches zu fördern, um dadurch die Wurzel ihrer eigenen bevorzugten Stellung zu stärken. Auch unsern Freiherrn vom Stein haben solche Anschauungen, als er noch ein Jüngling war, beherrscht. Um so mehr muß man es anerkennen, daß er sich später so bald zu der Überzeugung durchrang, daß nur auf dem Staate Friedrichs des Großen, daß nur auf Preußen die Zukunft Deutschlands beruhen könne.

Der Vater unseres Helden, Karl Philipp vom Stein, stand im Dienste des Mainzer Erzbischofs und führte den Titel eines kurmainzischen Geheimrats. Er war eine kernhaste, geschlossene Persönlichkeit, die Achtung und Respekt einzuflößen verstand, und seine ernste Charakterfestigkeit ist durch Vererbung und Erziehung auch seinem Sohne zu statten gekommen. Der Geheimerat erreichte ein hohes, aber nicht ungetrübtes Alter. Er scheint zuletzt grämlich und geistig schwach geworden zu sein; denn die Mutter verwaltet in späteren Jahren die beträchtlichen, aber nicht gerade allzu umfangreichen Familiengüter in Gemeinschaft mit ihrer Tochter Marianne, Steins Lieblingsschwester, und letztere mahnt unser Stein gelegentlich in seinen Briesen zur Geduld gegen den Vater. Indes ist das Verhältnis von Vater zu Sohn stets ein gutes gewesen. Karl verehrte seinen Vater herzlich, und er hat den Ausdruck seiner Gesinnung gegen ihn in der schönen Inschrift niedergelegt, die er auf dessen Grabstein setzen ließ:

> „Sein Nein war Nein gewichtig,
> Sein Ja war Ja vollmächtig,
> Seines Ja war er gedächtig,
> Sein Grund, sein Mund einträchtig,
> Sein Wort, das war ein Siegel."

Die Mutter Steins, Henriette Karoline geborene Langwert von Simmern, verwitwete von Löw, scheint indes auf den Knaben noch tiefer eingewirkt zu haben als der Vater. So oft er in seinem späteren Leben auf seine Mutter zu sprechen kommt, geschieht es immer in Ausdrücken innigster Liebe, Dankbarkeit und Verehrung. Er nennt sie eine der edelsten, tätigsten und religiösesten Frauen, er preist ihre gewissenhaste Strenge, ihre Klarheit des Urteils und ihre Entschiedenheit des Willens.

Unser Karl vom Stein wuchs inmitten einer zahlreichen Geschwisterschar auf. Außer der vorerwähnten Schwester hat er noch drei ältere Brüder und zwei Schwestern, die ihre Eltern überlebten, während drei andere Geschwister früh verstarben. Sonst wissen wir wenig aus Steins Jugendjahren. Er genoß das Glück, auf den väterlichen Besitzungen an den lieblichen Tälern und Bergen der Lahn in der frischen, freien Natur als kräftiges Kind vom Lande, gesund an Körper und Geist heranzuwachsen. Dabei darf nicht unbeachtet bleiben, daß der Knabe und Jüngling auf den väterlichen Gütern frühzeitig Gelegenheit hatte, Einblick und Verständnis für die Verhältnisse der ländlichen Bevölkerung zu gewinnen, deren Reformator er später in Preußen werden sollte. Daß der Knabe daheim einen gründlichen Unterricht genoß, versteht sich bei der Sorgsamkeit seiner Eltern von selbst, und als ernster, frühreifer Jüngling bezog er im Alter von sechzehn Jahren die Universität Göttingen, um sich nach dem Wunsche seiner Eltern dem Studium der Rechte zu widmen.

Der junge Stein kam im Jahre 1773 auf dieselbe Göttinger Hochschule, die etwa 60 Jahre später ein anderer Jüngling bezog, der gleich dem

Freiherrn vom Stein auf die Geschicke unseres Vaterlandes einen mächtig gestaltenden Einfluß gewinnen sollte, Otto von Bismarck. Aber wenn der Junker von Bismarck bald durch seine tollen, ausgelassenen Studentenstreiche in der friedlichen Stadt an der Leine eine Art von Berühmtheit erlangte, und wenn er als gefürchtetster Schläger auf der Mensur sich den Beinamen des „unverwundbaren Achill" erwarb, so ist ähnliches aus der Studentenzeit des Junkers vom Stein nicht zu berichten. Mit Ernst und Eifer warf er sich auf sein Studium, und da er bald fand, daß die trockene, juristische Wissenschaft ihm nicht zu genügen vermochte, so trieb er nebenher historische und nationalökonomische Studien und vertiefte sich namentlich in die Entwicklung und die Eigenart des englischen Staates, dessen Verhältnisse ihm vielfach vorbildlich erschienen, und an die er in der Tat mannigfach angeknüpft hat, als in Preußen sein staatsmännisches Reformwerk begann. Außerdem aber widmete er sein Interesse auch den naturwissenschaftlichen Fächern, und das oben wiedergegebene Urteil des Ministers von Heinitz beweist, wie förderlich ihm diese Studien in seinem künftigen Verwaltungsberufe werden sollten. Von einem lockeren, feuchtfröhlichen Studentenleben war bei Stein während seiner Göttinger Studienjahre so wenig die Rede, daß er vielmehr seinen näheren Verkehr nur auf Altersgenossen beschränkte, die gleich ihm von ernstem, eifrigem Streben beseelt waren, ihre Studentenzeit ausschließlich zur Erlangung eines möglichst umfangreichen tieferen Wissens anzuwenden. Wir brauchen uns den jungen Stein deshalb nicht als einen lebensfremden Duckmäuser vorzustellen; aber vor windigen Gesellen, Possenreißern und Schwadroneurs hat er Zeit seines Lebens eine unüberwindliche Abneigung gehabt.

In die Göttinger Studienzeit fällt eine für Stein wichtige Entschließung seiner Familie. Unser Karl war, wie erwähnt, der jüngste von vier Brüdern. Der älteste, Johann Friedrich, der in preußischen Diensten stand und Gesandter am kurfürstlichen Hofe in Mainz wurde, ebenso wie der zweite, Friedrich Ludwig, der ein tollkühner Soldat und wackerer Offizier in österreichischen Diensten war und 1788 im Türkenkriege Wunder der Tapferkeit vollbrachte, waren nach Ansicht der Eltern beide nicht geeignet, die Erben der väterlichen Besitzungen zu werden, da ihnen der wirtschaftliche Sinn fehlte. Noch weniger konnte der dritte Bruder, Ludwig Gottfried, in Betracht kommen, der ein lockerer Vogel war und schließlich ganz ins Elend geriet, so daß er von seinem jüngsten Bruder unterhalten werden mußte. Es war außerdem keine leichte Aufgabe, das stark verschuldete Familienerbe anzutreten, und nur ihrem jüngsten Sohne Karl, dessen ernster Lebensauffassung und praktischen Anlagen trauten die Eltern die Gaben zu, daß er die väterlichen Besitzungen vor dem Zerfall werde bewahren können. So kam denn 1774 ein Familienvertrag zustande, dem zufolge die älteren Brüder nach der Bestimmung der Eltern zu Gunsten ihres jüngsten Bruders, der somit der Stammhalter des Geschlechts werden sollte, auf die Erbschaft verzichteten. Dem sparsamen, haushälterischen Sinne Steins gelang es denn in der Tat auch, im Laufe der Jahre Sicherheit in die wirtschaftlichen Verhältnisse der Familie zu bringen. Aber die Hoffnung, daß sich das Geschlecht der Freiherren vom Stein durch ihn fortpflanzen werde, hat sich nicht erfüllt. In seiner späteren Ehe wurden Stein zwar drei Töchter, aber kein Sohn geboren.

Ostern 1777 beendete Stein seine Universitätsstudien, um sich nunmehr praktisch auf dem Gebiet der Rechtspflege zu betätigen und zugleich auf Reisen seine Welt- und Lebenserfahrungen zu bereichern. Sein nächstes Ziel war Wetzlar, der Sitz, des Reichskanzlergerichts, wo er die Prozeßführung an diesem höchsten Gerichtshofe während dreier Monate kennen zu lernen bemüht war. – Erst fünf Jahre waren vergangen, seit Goethe hier eine Reihe von Monaten geweilt und jene Erlebnisse in sich aufgenommen, welche die Grundlage zu dem ersten deutschen Roman werden sollten, der einen Weltruf erlangte und die deutsche Dichtung als ebenbürtig neben denen der übrigen Kulturvölker erscheinen ließ: „Die Leiden des jungen Werther". Aber diese literarisch somit gewissermaßen geweihte Stätte, sie wirkte auf Stein ganz anders als auf die empfindsamen Jünglinge jener Zeit sonst wohl. Zwar für die Jurisprudenz hat auch er sich niemals erwärmen können, und darin hat er einen Berührungspunkt mit Goethe. Der Beruf eines Rechtsgelehrten ermüdet nach seinem Urteil durch die Maße der Begriffe, womit er das Gedächtnis belastet, den Geist und erstickt alle Einbildungskraft. Sonst aber sehen wir an Stein keine Spur von der Weichlichkeit, der Gefühlseligkeit, der Schwärmerei jener Zeit, und auch die Liebe für Poesie und Kunst, die damals so mächtig erblüht war, fand in ihm keine Stätte. Stein war deswegen nicht weniger eine ideal angelegte Natur; aber sein Streben war im Gegensatz zu dem Zuge, von dem die damalige Jugend beherrscht wurde, nicht auf Dichten und Träumen, sondern aufs Schaffen und Handeln im Dienste seiner Mitmenschen gerichtet. Auch in anderen wesentlichen Punkten erscheint Stein so ganz und gar nicht als ein Kind seiner Zeit. Während weltbürgerliche Anschauungen, die den Unterschied der Nationen, die den Widerstreit der einzelnen Staaten gern wo nicht ganz beseitigt, so doch möglichst eingeschränkt wissen wollten, allgemein herrschten, während große Denker, wie Kam, die Zeit des ewigen Völkerfriedens aufs sehnlichste herbeiwünschten und auch wohl nahe wähnten, war Stein ein Mann von ausgeprägtem Nationalitätsgefühl, der solchen Ideen völlig fern stand. Ebensowenig nahm er teil an den philosophischen Streitfragen jener Zeit. Wenn die Aufklärer, wie man sie nannte, eine Umgestaltung der religiösen Begriffe anstrebten, wenn Kant mit seiner Philosophie den Grundfesten des Glaubens gefährlich wurde, so hat sich Stein in seiner tiefen Religiosität und seiner Strenggläubigkeit niemals beirren lassen. Es scheint sogar, daß er sich nicht einmal darauf eingelassen hat, die neuen Lehren auch nur zur Kenntnis zu nehmen und innerlich zu widerlegen. Gerade diese Geschlossenheit seines Wesens, die von dem Charakter der damaligen Generation so ganz absticht, hat es ihm ermöglicht, in so jungen Jahren als ganzer, ausgereifter Mann von fest ausgeprägtem Charakter dazustehen und Pflichten auf sich zu nehmen und glänzend zu erfüllen, denen andere Sterbliche, wenn überhaupt, erst in späteren Jahren gewachsen zu sein pflegen.

Nach seinem dreimonatlichen Aufenthalt in Wetzlar bereiste Stein noch mehrere Sitze von Reichsgerichten, wobei sich seine Abneigung gegen die Rechtswissenschaft immer mehr befestigte; er besuchte die Höfe von Mannheim,

Darmstadt, Stuttgart und München, weilte der Reichstagsgeschäfte wegen zwei Monate in Regensburg, brachte neun Monate in geselligen Zerstreuungen in Wien zu und traf Anfang 1780 über Dresden in Berlin ein, wo sich sein Schicksal vorläufig entscheiden sollte.

Schattenhaft und wesenlos, voll äußeren Prunkes und innerer Machtlosigkeit war das damalige deutsche Kaisertum, wie es in den Händen der Habsburger ruhte. In seinen Erblanden mochte der Gebieter der österreichischen Staaten schalten und walten nach seinem Belieben, sah man aber genauer zu, welche Befugnisse ihm die Reichsverfassung, wenn man von einer solchen überhaupt noch reden konnte, in seiner Eigenschaft als Oberhaupt des Reiches zuwies, so blieb wenig mehr übrig als die Verleihung von Standeserhöhungen, von Titeln und Würden. Die eigentliche Regierungsgewalt war seit dem Ausgange des Dreißigjährigen Krieges völlig übergegangen auf die einzelnen Landesfürsten und Fürstlein, die den Kaiser zwar als Oberherrn äußerlich anerkennen mochten, sonst aber in jedem und allem taten, was ihnen beliebte. Wie es gekommen, daß die Reichseinheit sich dermaßen aufgelöst hatte, welche Notwendigkeit die Einzelstaaten und namentlich Preußen gezwungen hatte, in dem habsburgischen Träger der deutschen Kaiserkrone alles eher als den Vertreter der deutschen nationalen Interessen zu sehen und wie deshalb besonders Preußen Heil für das Gesamtwohl Deutschlands nur in einer Beschränkung der Macht Österreichs sehen konnte, davon wird weiter unten noch die Rede sein. Hier genügt es, festzustellen, daß Stein, während er auf seiner Studienreise das inhaltlose Treiben des sogenannten Reichstagen in Regensburg beobachtet und in der Kaiserstadt Wien seine Erfahrungen gesammelt hatte, zu der Überzeugung sich durchgerungen hatte, daß das Herz Deutschlands nicht Österreich sondern Preußen sei, und daß er diesem Staate, in dessen Dienst übrigens bereits sein ältester Bruder stand, seine Kräfte widmen müsse. In diesem Entschlusse wurde er, wie er selbst hervorhebt, noch besonders bestärkt durch seine Bewunderung für den großen König, der sich gerade damals durch die Erhaltung Bayerns, das die österreichische Habgier einheimsen wollte, den Dank des ganzen Vaterlandes verdient hatte.

Als Stein daher Anfang 1780 in Berlin anlangte und in dem Minister von Heinitz, einem entfernten Verwandten, einen väterlich wohlwollenden Freund fand, entschloß er sich schnell und trat in den preußischen Staatsdienst ein.

Stein betrachtete es später mit Recht als ein großes Glück, daß er nicht, wie es die gewöhnliche Ordnung der Dinge verlangt hätte, als Referendarius bei einer Kriegs- und Domänenkammer anzufangen brauchte, wo er vielleicht in den steifen Förmlichkeiten der Bureaukratie untergegangen wäre, sondern daß er (am 2. Februar 1780) zum Kämmerer im Bergwerks- und Hüttendepartement ernannt wurde und unter der unmittelbaren Anleitung des vortrefflichen, hochverdienten Ministers von Heinitz selbst seine Laufbahn als preußischer Beamter beginnen durfte.

Vor allem kam es bei der Ausbildung des jungen Beamten außer der Übung in der Erledigung der laufenden Geschäfte darauf an, daß ihm Gelegenheit geboten wurde, sich jene wissenschaftlichen Kenntnisse anzueignen, deren er bedurfte, um mit sachverständig prüfenden Urteil dem Betriebe der Bergwerke und Hütten gegenübertreten zu können. Wie erwähnt, hatte Stein schon auf der Universität sich naturwissenschaftliche Studien, auf die es hier ankam, angelegen sein lassen. Aber seine Bescheidenheit ließ ihn die dort erworbenen Kenntnisse sehr gering anschlagen; er glaubte, alles von neuem lernen zu müssen, und so wurde er der eifrigste Schüler der Professoren Achard und Schultze, denen die Aufgabe zufiel, ihn wie andere Strebensgenossen in der Wissenschaft der Geographie, Mineralogie, der Physik und Chemie, der Mathematik, Mechanik und Erdmessung gründlich heimisch zu machen.

Was er so am grünen Tisch als Verwaltungsbeamter und als Gelehrter in den Kollegien und in seiner Studierstube erlernte, das wurde praktisch erprobt auf einer Dienstreife, die er als Begleiter des Ministers durch Ostfriesland, Holland, Westfalen und das Mansfeldische machen durfte. Bald wurde er in seiner Stellung erhöht und erhielt selbständige Verwaltungskreise zugewiesen. Der Minister überzeugte sich zu seiner Freude immer mehr von der hervorragenden Tüchtigkeit des jungen Beamten. Im zweiten Jahre erwählte er ihn wieder zu seinem Reisebegleiter, und diesmal wurden dienstlich Ost- und Westpreußen, Warschau, Krakau und Schlesien in Augenschein genommen. Stein war jetzt völlig in seinen Beruf eingearbeitet, und so erfolgte im März 1782 seine Ernennung zum Oberbergrat, von der wir bereits eingangs berichtet haben.

Aber die hohe Anerkennung, die seinen Kenntnissen und seiner Tüchtigkeit zuteilwurde, konnte die Selbstkritik des gewissenhaften Mannes nicht zum Schweigen bringen. Er selbst glaubte mit seiner Ausbildung noch lange nicht so weit zu sein, um selbständig das leisten zu können, was er seinen Kräften, wenn sich hinlänglich gestählt wären, wohl zutraute. So trat er noch in demselben Jahre abermals eine längere Studienreise an, zu der ihm Minister Heinitz die Anleitung gab. Er besuchte zunächst die Berg- und Hüttenwerke des

Erzgebirges, Fichtelgebirges, Thüringer Waldes und Harzes; er studierte die Verhältnisse der Erdschichten, den Grubenbau, das Maschinenwesen, die Bearbeitung der Erze und nicht minder die Technik der Verwaltung in diesen Betrieben. Spornte ihn die eigene Wissbegier zu gründlichen Forschungen an, so war sein Eifer noch um so reger, als er regelmäßige Berichte über seine Erfahrungen an den Minister zu erstatten hatte und ihm außerdem aufgegeben war, nach Beendigung der Reise einen ausführlichen Reisebericht dem Könige selbst einzureichen. Als Stein in Freiberg in Sachsen angelangt war, fesselte die dort damals vor etwa zwei Jahrzehnten gegründete Bergakademie seinen Forschungseifer dermaßen, daß er daselbst ein volles Jahr in eifrigsten Studien verweilte. Den Schluß der Reife bildete dann 1783 eine nochmalige, diesmal dreimonatliche Untersuchung der Werke im Harze.

Steins Tätigkeit in Westfalen

Der große König hatte Stein seit dessen frühzeitiger Ernennung zum Oberbergrat nicht mehr aus dem Auge gelassen. Jetzt lag ihm Steins ausführlicher Reisebericht vor, und der sichere Blick Friedrichs erkannte, daß hier ein Mann in seinen Diensten stand, der alle Eigenschaften besaß, um an verantwortlicher, schwieriger Stelle die Interessen des Staates in wünschenswertester Weise zu fördern; und keiner verstand es wie der große König, den rechten Mann an die rechte Stelle zu setzen. Nun waren in den preußisch-westfälischen Gebieten in Minden, Mark und Kleve Anfänge einer hoffnungsvollen Industrie vorhanden, deren Förderung dem Könige besonders am Herzen lag, und keinen Geeigneteren konnte er zur Leitung der westfälischen Bergämter, der Mindenschen Bergwerkskommission und zur Aufsichtsführung über das Fabrikwesen in der Grafschaft Mark finden, als den Freiherrn vom Stein, der nunmehr so gründlich in sein Fach eingearbeitet war und nur nach Gelegenheit dürstete, sein Können praktisch zu betätigen.

So wurde unserem Stein im Februar 1786 sein neuer Wirkungskreis zugewiesen und ihm ein Gehalt von 1060 Talern, das indes schon nach einigen Monaten auf 1260 Taler erhöht wurde, zugebilligt nebst Gebühren und freier Dienstwohnung zu Wetter an der Ruhr in der Nähe von Hagen.

Man erzählt, daß Stein, als er zum ersten Mal Gehalt annehmen sollte, Tränen vergaß und das Geld auf die Erde warf. Dieser Zug reichsfreiherrlichen Stolzes, der nicht um Sold, sondern aus innerem Drange und um der Ehre willen Dienste leistet, scheint eine Eigentümlichkeit derer vom Stein gewesen zu sein; wenigstens wird ein gleicher Zug auch von Steins zweitältestem Bruder, Friedrich Ludwig, erzählt. Als dieser im Türkenkriege 1788 als Bataillonskommandeur mit seinen Truppen dem Ansturm von 10000 Türken widerstanden und sich dann fast einen Monat hindurch in der Beteranihöhle gegen die feindliche Übermacht gehalten, bis er sich freien Abzug zu verschaffen wußte, da wollte man ihm zur Belohnung 20000 Gulden geben. Aber der Hochherzige schlug die Summe mit den Worten aus: „Ich dien' um Ehre, nicht um Geld!" und bat um den Sturm auf Belgrad, den ihm Laudon gewährte, und bei dem er unter den Ersten war.

Im Mai 1786 langte Stein in Westfalen an, und mit lebhaftestem Eifer stürzte er sich in die ihm nunmehr obliegenden Geschäfte. Stein war kein Mann des grünen Tisches und der Schablone; überall wollte er mit eigenen Augen sehen, überall selbst entscheiden, um sein tiefes, gründliches Wissen und seinen praktischen Blick auch recht zu betätigen und nicht untergeordneten Organen das zu überlassen, was er selbst zweckmäßiger, förderlicher anzuordnen vermochte. Stein hatte die heißblütige Art seines Vaters geerbt, und in seinem Bestreben, überall scharf durchzugreisen, ward er oft zu heftig und verletzte, wie er selbst gesteht, auch da, wo es zu vermeiden gewesen wäre. Indes er wußte sein Ungestüm mehr und mehr zu zügeln, auch war er stets bereit, eine begangene Härte, eine Übereilung, durch die er jemand gekränkt, einzusehen und wieder gut zu machen. Man erzählt als Beispiel folgende Anekdote:

Ein Kanzleidiener hatte ihm einstmals eine sehr wichtige Urkunde zur Unterschrift vorgelegt. Nachdem sie Stein vollzogen, wollte der Mann Sand darauf streuen, vergriff sich aber in der Eile und goß das Tintenfaß darüber aus. Im höchsten Grade ärgerlich, sprang Stein von seinem Stuhle auf, riß dem Mann das Schriftstück aus der Hand und rieb ihm die ganze Tinte ins Gesicht. Stein fühlte bald, daß er etwas Ordnungswidriges, Unanständiges begangen hatte. Als der Kanzleidiener am andern Morgen wieder in Steins Zimmer trat, eilte er ihm bis fast an die Tür entgegen und drückte ihm ein Papier in die Hand, das beim späteren Entfalten zur großen Freude des Dieners einen Doppel-Friedrichsd'or enthielt.

Man merkte im westfälischen Lande bald, daß man an Stein einen ganzen Mann hatte, und er fühlte sich ebenfalls wohl unter dem biderben, tüchtigen Menschenschlag in jener Gegend, und auch seine Tätigkeit sagte ihm durchaus zu. Zwar klagte er manchmal über den Mangel an Verkehr mit geistig ebenbürtigen Freunden; aber als er in späteren Jahren einmal von dem Bischof Ehlert gefragt wurde, wo es ihm im Leben am besten gefallen, und wo er sich am wohlsten gefühlt habe, nannte er Wetter. „Da habe ich", so sagte er, „in einer schönen Gegend die Seligkeit der Einsamkeit genossen. Ein Stachel der Sehnsucht dahin ist mir geblieben, ich hänge daran mit Liebe."

Ein enges Band hat sich in den siebzehn Jahren, die Stein in Westfalen verbleiben sollte, zwischen ihm und der dortigen Bevölkerung gebildet, und wir müssen es als eine glückliche Fügung betrachten, daß er gerade dort so volle Gelegenheit fand, diejenigen Ideen zu befestigen und auszubauen, die er später bei der Neugestaltung des preußischen Verwaltungswesens zu

Grunde legte. Die westfälische Bevölkerung konnte damals als bestes Beispiel dafür gelten, wie freiheitliche, die Selbsttätigkeit anregende bürgerliche Einrichtungen förderlich auf Gesittung, Tüchtigkeit und Charakter der Bevölkerung einwirken. Die Westfalen besaßen damals bereits einen Teil jener freiheitlichen Ordnung der öffentlichen Angelegenheiten, die Stein später in Preußen allgemein einführte und die seinen Namen so groß gemacht haben. Dort konnte er den heilsamen, segensreichen Einfluß der Selbstverwaltung aus eigener Anschauung kennen lernen und sich in ihr Wesen vertiefen. Die Bevölkerung der Grafschaft Mark war seit alters her gewohnt, eine umfassende, wohlgeordnete Selbstverwaltung zu üben, und eifersüchtig wachte man über die ererbten Freiheiten und Rechte. Die städtischen wie ländlichen Gemeinden wählten ihre Vorstände selbst, die Staats- und Bezirksabgaben wurden durch Kreisversammlungen bewilligt und verteilt, und auch in den kirchlichen Angelegenheiten war den Bürgern Mitwirkung und Mitbestimmungsrecht gesichert. Stolz auf seine freie Verfassung zeigte der Märker einen lebhaften, frischen Gemeinsinn, eine treue Gesinnung gegen die Monarchie und rührige, unermüdliche Arbeitslust und Arbeitskraft. In diesem prächtigen Menschenschlage und seinen gesunden öffentlichen Einrichtungen mochte Stein wohl das Vorbild für das preußische Staatswesen und das preußische Bürgertum der Zukunft und einen deutlichen Fingerzeig sehen, welchen Weg Preußen dermaleinst zu seiner Neugestaltung einzuschlagen habe.

Mitten in diese friedliche, emsige Tätigkeit Steins fiel ein Zwischenfall, der ihn für eine Weile in den großen Strudel des damaligen politisch-diplomatischen Treibens der Mächte ziehen sollte.

Wir haben oben bereits angedeutet, wie König Friedrich II. die Aufgabe seines Staates vornehmlich auch darin erblickte, ein Gegengewicht zu bilden gegen die undeutsche Politik des habsburgischen Kaiserhauses, die zumal während des Dreißigjährigen Krieges und dann bei dem Abschluß des Westfälischen Friedens über Deutschland so viel Unglück gebracht hatte und seitdem keine andere geworden war. Hatte doch Österreich den Staat Friedrichs selbst zu zersprengen geplant in der Absicht, die Hauptbeute für sich davonzutragen, die übrigen Teile aber den feindlichen Nachbarstaaten, wie Rußland, Frankreich und Schweden, preiszugeben. Friedrich hatte diese Pläne durch den Siebenjährigen Krieg vernichtet; aber er wußte nur zu gut, wessen sich Deutschland, wessen sich jedes einzelne Glied des Reiches seitens Österreichs zu versehen hatte. So war Preußen der natürliche Versechter der alldeutschen Interessen und der entschiedene Widersacher Österreichs geworden, sobald es galt, dessen Gelüsten nach Machterweiterung innerhalb Deutschlands entgegenzutreten. Österreich seinerseits erneute solche Versuche immer wieder und wieder, und der habsburgische Hof hatte sich gänzlich daran gewöhnt, in seiner bevorzugten Stellung im Reiche nur ein Mittel zur Mehrung seiner Hausmacht, wo es sich gerade fügte, auch auf Kosten Deutschlands zu sehen. – Ungern schreiben wir so harte Worte gegen ein stammverwandtes Nachbarland, mit dem uns heute feste Bande der Freundschaft verbinden; aber die Politik Friedrichs des Großen, an der auch Stein jetzt beteiligt wurde, würde unverständlich bleiben, wollte man diese Verfehlungen des alten Österreich nicht klarlegen.

Gerade damals im Jahre 1785 trug sich Österreich wiederum mit jenem Plane zur Erweiterung seiner Hausmacht, der auf nichts Geringeres abzielte, als den Erwerb des Kurfürstentums Bayern. Der kinderlose Karl Theodor, der in seinem Lande nicht heimisch zu werden vermochte, war nicht abgeneigt, in einen Tausch gegen die Österreich gehörigen Niederlande einzugehen, der ihm zugleich den Königstitel einbringen sollte. Der mutmaßliche Thronerbe Herzog Karl von Zweibrücken dagegen wollte nichts davon wissen, daß sein Erbland künftig außerhalb Deutschlands zu suchen sein sollte. Er wandte sich an Friedrich II., während Österreich wiederum mit den Reichsfeinden, mit Frankreich und Rußland, im Einvernehmen stand. König Friedrich, der den gleichen Plan schon früher zu verhindern gewußt hatte, tat nicht leicht eine Sache halb. Er sann auf Mittel, den Gelüsten Österreichs nicht nur für diesmal, sondern auch für künftige Zeit einen wirksamen Damm entgegenzusetzen. Er ging daran, einen Bund der deutschen Mittelstaaten unter Preußens Führung „zum Schuhe der Reichsverfassung" ins Leben zu rufen. Dieser „Deutsche Fürstenbund", der denn auch 1785 wirklich zustande kam, war die letzte wichtige Tat des großen Königs, dessen unermüdliches Auge bis zu dem Augenblick, wo es sich für immer schloß, darüber wachte, daß Preußen von der errungenen Machtstellung auch nicht ein Titelchen verloren ging. Es ist ein schönes Lorbeerblatt in dem Ruhmeskranz auch unseres Freiherrn vom Stein, daß es ihm vergönnt war, an dieser letzten großen Tat Friedrichs mitwirkend teilzunehmen.

Stein wurde nämlich mit dem überaus wichtigen Auftrage betraut, den bedeutendsten der geistlichen Kurfürsten, Karl Friedrich von Mainz, zum Beitritt zu dem Fürstenbunde zu gewinnen. Stein wollte diesen ehrenvollen Auftrag anfangs ablehnen, da er eine tiefe Abneigung gegen die diplomatische Tätigkeit fühlte, und es ihm auch an jeder Erfahrung auf diesem Gebiete fehlte. Als man ihm jedoch andeutete, daß der König in seiner Weigerung ein reichsfreiherrliches Vorurteil erblicken könnte, das ihn abhalte, eine Mission gegen Österreich zu übernehmen, erklärte sich Stein bereit, den Befehl des Königs auszuführen. Es war kein leichter Auftrag, der ihm hier zuteil wurde. Es handelte sich um nichts Geringeres als um die Aufgabe, den ersten katholischen Kurfürsten Deutschlands zu einem Bündnisse mit dem protestantischen Preußen gegen das ebenfalls katholische Österreich zu bewegen. Aber das Vorhaben wurde dadurch erleichtert und überhaupt ermöglicht, daß gerade die geistlichen Kurfürsten damals von Kaiser Joseph II. am meisten fürchteten, der offenkundig bemüht war, eine Reihe von Bistümern in der Hand seines Bruders Max zu vereinigen, und dem man ohnehin jeglichen Übergriff zutraute. So gelang es Stein, in den vielfach gewundenen Verhandlungen in Mainz und Aschaffenburg zu dem gewünschten Ziele zu gelangen, obwohl er den Vertreter Rußlands, Graf Romanzow, den gewiegten österreichischen Diplomaten Graf Trautmannsdorf und den später so gewaltigen Grafen Metternich wie endlich den französischen Gesandten Grafen Okelly zu Gegnern hatte. Am 3. Juli 1785 hatte Stein seine Mission angetreten, und am 21. Oktober konnte er den glücklichen Erfolg, den Abschluß des Vertrages mit dem Kurfürsten, nach Berlin melden. Der König war mit diesem Ausgang überaus zufrieden und belobte Stein sehr. Dieser aber war glücklich, dem diplomatischen Treiben entronnen und seiner eigentlichen Tätigkeit wiedergegeben zu sein. Die Diplomatie stieß ihn, wie er sagt, schon deshalb ab, „weil es sich dabei weniger um Bewährung von Grundsätzen, als um möglichste Wahrnehmung des eigenen Vorteils handele". So hat er auch später die ihm angebotenen Gesandtschaftsposten im Haag und in Petersburg, so ehrenvoll diese Anerbietungen für ihn auch waren, abgelehnt.

Im Oktober des folgenden Jahres 1786 wurde Stein zum Geheimen Oberbergrat ernannt, und bald darauf trat er eine längere Reise nach England an, um in dem ersten Industrielande der Welt die dortigen Einrichtungen im Berg- und Hüttenwesen, in Handel und Wandel genau zu studieren. Daneben erweiterte sich zugleich auch sein Blick auf dem politischen Gebiete, indem er dort vervollkommnet und im großen Stile ein auf möglichster Selbstregierung beruhendes Verfassungswesen aus eigener Anschauung kennen lernen konnte, von dem er Anfänge im Kleinen in dem Ländchen Mark mit so viel Freude beobachtet hatte.

Nach seiner Rückkehr folgten wiederum einige Jahre ungetrübten Wirkens in seinem westfälischen Bereich. Er wurde abermals befördert, 1787 zum zweiten, 1788 zum ersten Direktor der märkischen und klevischen Kriegs- und Domänenkammer, ein Amt, das etwa mit dem eines heutigen Regierungspräsidenten zu vergleichen wäre. Doch behielt er die Leitung und Beaufsichtigung der industriellen Betriebe außerdem bei. Hier hat er in den Jahren seiner Amtsführung wahrhaft Großes geleistet. Kein Geringerer als Alexander von Humboldt hat Stein für den ersten Kenner des Bergfaches seiner Zeit erklärt, und Stein war ganz der Mann, theoretisches Wissen zu praktischen Zwecken nutzbar zu machen. Das bisher herrschende Raubbausystem in den Gruben, durch daß die im Schoße der Erde ruhenden Schätze vielfach vergeudet waren, wurde durch ihn beseitigt, und bei der Salzgewinnung wurden alle Hilfsmittel angewandt, welche die Ergebnisse der wissenschaftlichen Chemie zu bieten vermochten.

Aber nicht minder wichtig als die von Stein herbeigeführte Vervollkommnung in der Gewinnung von Produkten sind seine Verdienste um die Herstellung erweiterter und neuer Absatzwege für die in seinem Bezirke gewonnenen Erzeugnisse. So ist die Schiffbarmachung der Ruhr, die Anlage von mehr als zwanzig Meilen Chausseen sein eigenstes Werk, in dessen Verfolg Stein so eifrig und so uneigennützig war, daß er bisweilen bis zu zehntausend Talern aus eigener Tasche Vorschuß leistete, wenn die öffentlichen Kassen zeitweilig erschöpft waren. Besonders dankbar empfand man es, daß er eine Umwandlung der verkehrshemmenden Verbrauchssteuern, welche in den Städten erhoben wurden, in feste Abgaben durchsetzte. Bisher waren nicht nur die vom Ausland eingeführten Waren mit einem Zoll belegt worden, sondern jeder Artikel, der von den Städten aufs Land und umgekehrt überführt wurde, unterlag einer Zollabgabe. Das störte nicht nur den Verkehr aufs empfindlichste, es erwuchsen daraus auch allerlei Streitigkeiten und Betrügereien, die einen schwer schädigenden Einfluß auf die Bevölkerung übten. Stein wußte diese Schranken zu beseitigen, so daß nunmehr alle jene Belästigungen und Unzuträglichkeiten fortfielen, und der Verkehr sich desto lebhafter entwickeln konnte.

So blühte das preußische Westfalen unter Steins Leitung immer mehr empor; aber am westlichen Horizont, von Frankreich her, zogen drohende Gewitterwolken auf, die sich bald entladen und dem friedlichen Gewerbfleiß die schwersten Gefahren bereiten sollten.

Die im Jahre 1789 in Frankreich ausgebrochene Revolution war ursprünglich in Deutschland keineswegs mit feindlichen Augen angesehen worden. Die wirtschaftlichen Mißstände, die in Frankreich zu einer durchgreifenden Umwälzung geführt hatten, die fast ausschließliche Belastung der Armen und Ärmsten mit den unerschwinglichen Steuern, die ungemessene Bevorrechtung des Adels und der Geistlichkeit auf Kosten des Bürgertums, die schlechte Finanzwirtschaft – das alles lag so klar auf der Hand, daß man es im Bürgertum wie im Gelehrtenstande nur billig und natürlich fand, wenn diesen Zuständen ein Ende gemacht werden sollte. Je weniger man in der Bevölkerung Deutschlands etwa daran dachte, das Beispiel der Franzosen nachzuahmen, um so unbefangener begeisterte man sich für den Freiheitsdrang, für die Verkündigung der „Menschenrechte", für die stürmische Umgestaltung des Staatswesens jenseits des Rheins.

Stein steht auch hier wieder abseits von der allgemeinen Empfindung. Ihm war die Revolution von Anbeginn an zuwider. Er wollte einen Fortschritt nur im Wege regelmäßiger, wenn auch möglichst beschleunigter Fortentwicklung. Der aufrührerische Geist, der in Frankreich mit allem Hergebrachten, mit allem historisch Gewordenen so kurzerhand aufräumte, lief seiner Anschauung, die Reformen überall nur an das, was sich im

Laufe der Zeit entwickelt hatte, an das geschichtlich Gegebene anknüpfen wollte, schnurstracks entgegen. Diese gleich anfänglich bestimmte Abneigung Steins gegen die Französische Revolution sollte bald zu hellem Zorn entflammt werden, als der Verlauf der Dinge in Paris immer wilder und blutiger sich gestaltete, und Frankreich außerdem mit aller Welt, vornehmlich aber mit Deutschland, in kriegerische und solgenschwere Verwicklungen geriet.

Es folgten nunmehr traurige Jahre für Deutschland und zumal für Preußen. Seit das Auge des großen Königs nicht mehr über das Schicksal unseres Vaterlandes wachte, schien der gute Geist aus der preußischen Politik gewichen. Ohne Not wurde der Krieg gegen Frankreich 1792 begonnen, ruhmlos wurde er unter steten Eifersüchteleien zwischen Preußen und Österreich, die dem gemeinsamen Feinde vortrefflich zu statten kamen, geführt, und ruhmlos endete er 1795 in dem Baseler Frieden.

Stein wurde von diesen kriegerischen Vorgängen besonders hart berührt, weil die Lande, die seiner Obhut anvertraut waren, wiederholt von den vaterländischen wie von feindlichen Truppen überschwemmt wurden. Schon im ersten Kriegsjahre hatte er Gelegenheit, seine staatsmännische Tüchtigkeit und Entschlossenheit zu betätigen. Nachdem die Franzosen am 21. Oktober Mainz erobert, gelang es ihm in Verbindung mit dem hannoverschen Feldmarschall Grafen Wallmoden, seinem späteren Schwiegervater, sowie mit seinem Bruder, dem preußischen Gesandten am kurfürstlichen Hofe in Mainz, durchzusehen, daß aus hessen-darmstädtischen und hannoverschen Truppen ein Corps gebildet wurde, das dem weiteren Vorringen der Franzosen einen Damm vorschob und Mainz den Feinden streitig machte, so das; dieser Platz von dem preußischen Heere im nächsten Jahre desto leichter wiedererobert werden konnte. Im Winter fiel Stein inzwischen die Verpflegung der preußischen Truppen zu, und auch hier bewahrte er den praktischen Sinn und die durchgreifende Energie, die ihm stets eigen war.

Noch in demselben Jahre wurde Stein in Anerkennung seiner Verdienste zum Präsidenten der vereinigten Kriegs- und Domänenkammern Mark-Kleve ernannt, und sein Amtssitz wurde nunmehr von Wetter, wo er neun Jahre verlebt, nach Kleve verlegt. Sein Wirkungskreis war somit abermals erweitert worden, und die Schwierigkeit der Amtsführung war in jener unruhigen, bedrohlichen Kriegszeit ohnehin eine doppelte. Aber Stein hegte die feste Zuversicht, daß sich alles zum Besten wenden müsse. So wenig verzagte er an der Zukunft, daß er sich gerade damals, trotz der Ungewißheit aller Verhältnisse, dazu entschloß, sich zu vermählen. Die auserwählte Gattin war Gräfin Wilhelmine von Wallmoden-Gimborn, in Gemeinschaft mit deren Vater Stein, wie wir oben gesehen, den erfolgreichen Widerstand gegen die Franzosen im Jahre 1792 zu Wege gebracht hatte. Es war keine Liebesheirat, kein eigentlicher Bund der Herzen, der hier geschlossen wurde. Steins Gattin sah bewundernd, aber auch demütig schüchtern und ohne selbständigen Geist zu Stein auf; dieser aber verlangte mehr als nur Gehorsam und Bewunderung. Eine Frau von stolzerem, selbstbewußterem Geiste hätte ihn stärker angezogen. Indes im Laufe der Jahre sah Stein doch ein, wie sehr er diese schlichte, innige, treue Seele anfangs unterschätzt. Je mehr er in den stürmischen Zeiten, die beiden Gatten gemeinsam zu durchleben beschieden war, in ihr jene echt weibliche Tapferkeit, die im Vertrauen, in gefaßter Beharrlichkeit und sich gleichbleibender Pflichterfüllung besteht, zu erkennen Gelegenheit hatte, desto mehr wuchs ihm diese ausgezeichnete Frau ans Herz, und er schämte sich später wohl der mangelnden Ritterlichkeit, mit der er sein geistiges Übergewicht anfangs ihr gegenüber geltend gemacht.

Doch zurück zu den Ereignissen jener Kriegszeit. Das erste Jahr der Ehe Steins sollte sich für ihn besonders unruhig gestalten. 1794 besetzten die Franzosen das ganze linke Rheinuser und auch den Amtssitz Steins, Kleve. Stein mußte mit seiner Kammer auf die rechte Rheinseite flüchten; er begab sich nach Wesel, das dem Feinde glücklicherweise standhielt. Im Jahre 1795 wurde alsdann jener so unrühmliche Friede zu Basel abgeschlossen, in dem sich Preußen von der deutschen Sache lossagte, den Franzosen seine Besitzungen auf dem linken Rheinufer, also Kleine und Geldern, abtrat und sich nur eine Entschädigung durch Einziehung des weltlichen Gebietes des Bistums Münster für die Zukunft in Aussicht stellen ließ.

Das nächste Jahr, 1796, brachte Stein abermals eine Erhöhung seiner Stellung und eine Erweiterung seines Tätigkeitsbereiches. Man übertrug ihm das Oberpräsidium sämtlicher westfälischer Kammern, also das der Kleve-märkischen, der von Minden-Ravensberg und Lingen-Tecklenburg, und zugleich siedelte Stein nach Minden über. Wie allseitig verehrt Stein in seinem bisherigen Kreise gewesen, davon war eine ebenso schöne wie überzeugende Kundgebung ein Dankschreiben von den Bewohnern des Wetterschen Kreises, die Stein im Jahre 1795 überreicht wurde. In dieser hieß es unter anderm wie folgt: „Es war eine Zeit, da der Bewohner der westfälischen Mark in den Räten der königlichen Kammer nicht Ratgeber, Freunde und Beschützer sah, da Kälte, Zurückhaltung, Mißtrauen und Furcht die

Herzen verschloß. Da begannen Sie Ihren Wirkungskreis unter uns; hohe Rechtschaffenheit, reine Vaterlandsliebe, seltene Kenntnisse, nie ermüdende Tätigkeit haben Ihnen allgemeine Bewunderung erworben. Sie teilten Ihr Herz und Ihren Geist denen, die unter Ihnen mitarbeiteten; diese rangen Ihnen nach; ein edler, schöner Genleinsinn ward durch ein einziges großes Beispiel unter allen, die es gut mit ihrem Geburtslande meinten, angeregt und brachte bald die herrlichsten Früchte. Offenheit, Liebe, Zutrauen verbanden immer enger unser Volk mit der vortrefflichen jetzigen Verwaltung."

Die Arbeitskraft Steins schien mit der Höhe der Ausgaben, die ihm gestellt, stetig zu wachsen. Er war jetzt der oberste und sehr unabhängige Beamte eines ausgedehnten Gebietes, und man nannte ihn wohl den „König von Westfalen". Wie Stein die Verhältnisse seines Amtsbereichs in jeder Beziehung beherrschte, davon legt ein sprechendes Zeugnis sein Verwaltungsbericht ab, den er im März 1801 erstattete. Wir ersehen daraus, daß seinem scharfen Auge nichts entgangen war, daß er sich mit gleicher Liebe um die wichtigsten Fragen, wie auch um scheinbar untergeordnete Zweige des öffentlichen und des Erwerbslebens bekümmert hat. Vor allem dringt er daraus, die Eigenbehörigkeit der Bauern aufzuheben. „Die Eigenbehörigkeit", so sagt er, „ist nach der absoluten Leibeigenschaft das drückendste Verhältnis des Bauern zum Gutsherrn und das nachteiligste für menschliches Glück, Sittlichkeit, Wohlstand und Gewerbefleiß." Er legt dar, wie es unmöglich sei, daß der Bauernstand gedeihen könne in dieser Abhängigkeit von der Willkür des Gutsherrn, der den Bauern Lasten und Frauen aufzwinge, von dessen Zustimmung die Befugnis zur Veräußerung des Grundeigentums abhänge, und von dessen Entscheidung nicht nur der Eintritt des einzelnen in seine Bauernstelle, sondern auch die Wahl der Gatten und das Schicksal der Kinder abhänge. Wir werden später sehen, wie Stein diese selben Grundsätze weiter verfolgt und zur Ausführung gebracht hat, als das Schicksal des preußischen Staates nach dem Zusammenbruch von 1806 in seine Hände gelegt war. Die gewaltige Reformarbeit, die Stein in jener Zeit zu leisten vermochte, wird nur erklärlich, wenn man sich vor Augen hält, wie wohl er sich während seiner Verwaltungstätigkeit in Westfalen zunächst in weniger weitgreifenden Verhältnissen vorbereitet hatte.

Im Jahre 1802 wurde Stein ein Ministerposten vom Kurfürstentum Hannover angeboten. Er lehnte indes diese ehrenvolle Stellung ab, weil er jetzt mehr denn je der Überzeugung war, daß er seine Dienste auch weiterhin Preußen als demjenigen Staate widmen müßte, der für die Vereinigung der zersplitterten deutschen Kräfte der natürlichste Ausgangspunkt zu sein schien.

Stein ging sogar daran, sein Verhältnis zu Preußen noch enger zu knüpfen, indem er seine auf der linken Rheinseite belegene Besitzung Landskron verkaufte, weil diese nunmehr in französischem Gebiete lag, und dafür die Herrschaft Birnbaum im Großherzogtum Posen und damit das allgemeine preußische Bürgerrecht erwarb.

Inzwischen war im Jahre 1801 der Friede zu Luneville zwischen Frankreich, Österreich und dem Reiche und 1802 der Friede zu Amiens zwischen Frankreich und England geschlossen worden, und man ging nunmehr daran, auf dem Reichstage zu Regensburg unter der Mitwirkung und Mitbestimmung Frankreichs die geistlichen Gebiete und die bis dahin Freien Reichsstädte unter die einzelnen Staaten Deutschlands zu verteilen, und so kam der Reichsdeputationshauptschluß von 1803 zustande, in dem Preußen an Stelle der 49 Geviertmeilen, die es im Baseler Frieden am linksrheinischen Gebiete verloren, nunmehr eine Entschädigung von 235 Geviertmeilen mit mehr als einer halben Million Einwohnern erhielt. Diese Neuerwerbungen sollten für unsern Stein eine Quelle neuer, schwerer Aufgaben werden; denn ihm fiel der Auftrag zu, das Münsterland, welches somit aus der früheren bischöflichen Verwaltung in preußische Hände übergegangen war, in den Verband dieses letzteren Staatswesens einzufügen.

Die Bevölkerung des Münsterlandes war von diesem Wechsel anfangs natürlich wenig erbaut, und mit Mißtrauen blickte die katholische Bevölkerung auf die preußische Beamtenschaft, die sich nunmehr anschickte, die bisherige Verwaltung des Landes nach preußischem Muster umzugestalten. In der Tat waren denn auch vielfache Mißgriffe vorgekommen, die zu gerechtfertigter Erbitterung Veranlassung gaben, ehe Stein selbst seine Tätigkeit aufnahm. Aber gerade er war der geeignete Mann, um hier mit sicherem Takt und weiser Umsicht in allem das Rechte zu treffen. Sein stets befolgter Grundsatz, daß man bei jeder Reformarbeit sorgfältig an die geschichtlich gewordenen, bestehenden Verhältnisse anknüpfen und jede berechtigte Eigenart möglichst schonen müsse, bewahrte sich hier aufs glänzendste. Mit Vertrauen kam Stein den neuen preußischen Untertanen entgegen; dies Vertrauen erwirkte Zuversicht auch auf der andern Seite. Die Maßnahmen, welche Stein traf, waren außerdem von so einleuchtender Zweckmäßigkeit, daß sich die Münsterländer auf diese Weise schneller an die neue Ordnung der Dinge gewöhnten, als man es hätte erwarten dürfen.

Wir müssen hier noch ein Ereignis erwähnen, das Stein damals in Deutschland sehr bekannt machte. Der Herzog von Nassau wollte die in seinem Gebiete gelegenen reichsunmittelbaren Steinschen Güter seiner Landesoberheit unterwerfen. Dagegen erhob Stein in einem Sendschreiben an den Herzog energisch Einsprache, indem er zugleich seinen Anschauungen über die Verderblichkeit der Kleinstaaterei in Deutschland Ausdruck gab: „Sollen", so heißt es in dem Schreiben, „die für Deutschland so wohltätigen, großen Zwecke erreicht werden, so müssen diese kleinen Staaten mit den beiden großen Monarchien (Österreich und Preußen) vereinigt werden, und die Vorsehung gebe, daß ich dieses glückliche Ereignis erlebe!" Der Protest schloß mit den Worten: „Es giebt ein richtendes Gewissen und eine strafende Gottheit." - Die Einbeziehung der Steinschen Güter unterblieb dann auch.

STEIN ALS PREUSSISCHER FINANZMINISTER

Im Herbst 1804 starb der Minister von Struensee, und als es sich darum handelte, einen Ersatz für diesen von Friedrich Wilhelm III. hochgeschätzten Mann zu finden, wurde dem Könige der Freiherr vom Stein vorgeschlagen. Der König hatte anfangs Bedenken, Stein zum Minister zu berufen, er hatte ein Mißtrauen gegen dessen Eigenwilligkeit und „excentrische und genialische Art", so sehr er dessen Tüchtigkeit und Verdienste auch anerkannte. Indes entschloß er sich doch, unserm bisherigen Oberpräsidenten von Westfalen das frei gewordene hohe Staatsamt, das man, nach heutiger Art zu reden, etwa Finanzministerium nennen könnte, zu übertragen. Aber auch Stein hatte seinerseits Bedenken gegen die Übernahme dieses Postens. Der gewissenhafte Mann meinte, daß ihm die nötigen Fachkenntnisse hierzu gebrächen; indes gerade diese Bescheidenheit machte auf den König einen sehr günstigen Eindruck, und so wurde Stein zum Minister ernannt und am 10. Dezember 1804 vereidigt und in das Staatsministerium eingeführt.

Ein Mann, der wie Stein gewohnt war, auf den Grund der Dinge zu dringen, der für Mißstände ein so scharfes Auge hatte, dem konnte die Zerfahrenheit, in der sich die gesamte preußische Staatsorganisation damals befand, längst nicht entgangen sein, und er mußte andrerseits, sobald ihm die Möglichkeit dazu gegeben war, mit aller Kraft darauf hinwirken, solchen Zuständen ein Ende zu machen. So bot sich denn für Stein von dem ersten Tage seiner Ministerschaft an zunächst eine doppelte Tätigkeit dar: einmal die ihm besonders anvertraute Verwaltung des Finanzwesend und dann die Umgestaltung der gesamten obersten Staatsbehörden. Wenn man zu diesen beiden gewaltigen Aufgaben noch hinzurechnet die ungeheure Aufregung, welche damals fast jeder Tag in der äußeren Politik brachte, und wie jeder Patriot stets darauf gefaßt sein mußte, daß es sich in kürzester Zeit um Sein oder Nichtsein des Vaterlandes handeln würde, so wird man begreifen, wie schwer die Verantwortlichkeit seiner Stellung auf dem Freiherrn vom Stein gelastet haben muß, und welche Sorgen und welche Enttäuschungen er trotz allem, was ihm zu schaffen vergönnt war, niederzukämpfen hatte. Und doch sollte die Zeit seiner ersten Ministerschaft für ihn noch bei weitem die schwerste nicht sein, die ihm im Dienste des Vaterlandes beschieden war.

Als Finanzminister, um diese Bezeichnung, die nicht ganz zutreffend ist, der Kürze wegen beizubehalten, suchte Stein das Wohl des Landes nunmehr im großen ebenso zu fördern, wie er es vordem in Westfalen im kleinen getan. Zunächst begann er mit einer Reform der beiden staatlichen Geldinstitute, der Seehandlung und der Preußischen Bank, in deren Verwaltung sich große Mißstände eingenistet hatten. Namentlich war unter die Beamtenschaft ein Geist geraten, der den sonstigen preußischen Tugenden, der Ehrlichkeit und der Gewissenhaftigkeit, schnurstracks zuwiderlief. Da war nun gerade Stein der Mann, um derartige Mißstände mit eisernen Besen auszukehren; mit rücksichtsloser Strenge griff er durch, machte den russischen Zuständen schnell ein Ende und wußte es außerdem durch weise Maßregeln im großen Stile zu erreichen, daß die beiden staatlichen Geldinstitute wieder das wurden, was sie nach dem Willen ihres Stifters, Friedrichs des Großen, sein sollten, mächtige Hilfsmittel zur Förderung von Handel und Wandel.

Andrerseits ließ es sich Stein angelegen sein, die Einkünfte des Staates zu heben, und hier bot sich ihm als bestes Mittel die Förderung der in staatlichen Händen liegenden Salzgewinnung dar. Bei diesen Bestrebungen kamen ihm seine tiefen

Kenntnisse, die er, wie wir gesehen, seit Eintritt in den preußischen Staatsdienst sich gerade auf diesen technischen Gebieten erworben, außerordentlich zu statten. Der Staat war damals nicht nur Besitzer von Salzbergwerken, er war auch Käufer und Verkäufer des Salzes und zugleich Steuererheber auf diesem Gebiet, und diese verschiedenen Obliegenheiten, die eine ganz verschiedene Vorbildung erforderten, lagen sämtlich in der Hand einer Behörde. Die Folge davon war, daß die Beamten ihren Aufgaben nicht gewachsen waren. Indem Stein nun eine Dreiteilung der bisherigen Behörde vornahm und sich so in jeder Abteilung tüchtige und in ihrem besonderen Fische kenntnisreiche Beamte heranzubilden verstand, förderte er diesen Zweig der Verwaltung zum Nutzen der Staatskasse ganz außerordentlich.

In seinem Bestreben, den Handelsverkehr und die Industrie zu fördern, verfuhr er nach denselben Grundsähen, die er schon in Westfalen gehandhabt. Lästige Zollschranken zwischen den einzelnen Provinzen wußte er zu beseitigen, und ebenso wurden tunlichst die verkehrhemmenden Zölle bei dem Warenaustausch aller Art zwischen Stadt und Land eingeschränkt. Ferner suchte er die Schiffahrt zu heben und auch sonst den einzelnen Fabrikationszweigen, wie besonders der schlesischen Leinwandweberei und der Baumwollenspinnerei, zu neuen Absatzquellen zu verhelfen.

Während Stein so den Wohlstand des Vaterlandes zu heben bedacht war, gestalteten sich die äußeren politischen Verhältnisse von Tag zu Tag drohender. Der Geist Friedrichs des Großen war aus der preußischen Politik völlig gewichen. Schon Friedrich Wilhelm II. hatte es nicht verstanden, das Ansehen Preußens in Deutschland und in Europa zu wahren, und seinem Nachfolger, Friedrich Wilhelm III., war eine üble Erbschaft hinterlassen worden. König Friedrich Wilhelm III. war ein Herrscher von strenger Gewissenhaftigkeit, aber es fehlte ihm die Kühnheit des Entschlusses und der Wagemut, dessen ein Staatsmann in gefährlichen Zeiten und namentlich, wenn er einem Gegner wie Napoleon gegenübersteht, nicht entbehren kann. Er war eine bescheidene Natur, und man hat nicht mit Unrecht von ihm gesagt, daß er, stets von Bedenklichkeiten beherrscht, gar zu oft lieber gar keinen, als einen entscheidenden Entschluß faßte. Dazu kam, daß er von schlechten Ratgebern umgeben war; namentlich Haugwitz, der Minister des Äußeren, war ein unzuverlässiger Charakter, beschränkt und von schwachem patriotischem Gefühl. Selbst Hardenberg, der sich später so große Verdienste erwerben sollte, hat sich in jener Zeit seiner Aufgabe nicht gewachsen gezeigt, und Lombard gar, der ebenfalls auf den König großen Einfluß hatte, ging in seiner Vorliebe für Frankreich so weit, daß man ihn für ein Geschöpf Napoleons hätte halten mögen.

Man suchte damals, während des Ringens Napoleons mit der ganzen Welt, eine Politik der Unparteilichkeit aufrecht zu erhalten, indem man hoffte, dauernd im Frieden verharren und ungefährdet zuschauen zu können, wie die Kriege Napoleons mit dem übrigen Europa, vornehmlich mit Österreich, schließlich ablaufen würden. So schlecht kannte man den Übermut Napoleons, daß man glaubte, er werde vor Preußen Halt machen, während er sonst in Europa beliebig mit Ländern und Kronen schaltete. Und als dann die Anmaßung Napoleons Preußen gegenüber immer dreister hervortrat, da konnte man sich immer noch nicht an den Gedanken gewöhnen, daß eine Entscheidung zwischen dem Staate Friedrichs des Großen und der Macht Napoleons auf dem Schlachtfelde unvermeidlich sei. Ruhig sah man zu, wie Österreich niedergeworfen, wie der Rheinbund, eine auf Deutschlands Kosten zur Bekämpfung Deutschlands geschaffene staatliche Neubildung, gegründet wurde, man verfeindete sich mit England, man nahm Rußland gegenüber eine drohende Haltung an, bis Preußen endlich nach zahlreichen Demütigungen völlig vereinsamt dastand und nun den Entscheidungskampf doch aufnehmen mußte unter den denkbar ungünstigsten Verhältnissen.

Der Grundsatz, daß Norddeutschland bei den napoleonischen Kriegen respektiert und von französischen Truppen unberührt bleiben sollte, hatte schon 1803 aufgegeben werden müssen, als Napoleon während des Krieges mit England Hannover besetzen ließ, das dem König Georg III. von England gehörte. Schon damals schien die Notwendigkeit zum Kriege gegeben; aber der König erklärte, daß er einen Grund zum Kriege erst in einer Verletzung des preußischen Gebiets durch feindliche Truppen sehen würde. Dieser Umstand freilich war jetzt noch nicht eingetreten; aber er sollte auch nicht mehr allzu lange auf sich warten lassen.

In England trat im Jahre 1804 wiederum der geniale und gegen Napoleon unversöhnliche William Pitt der Jüngere an die Spitze der Regierung, und von neuem brach der Krieg „zwischen dem Wolf und dem Fisch", zwischen Frankreich und England aus. Auf Seiten Englands stand Rußland, dem sich 1805 auch Österreich zugesellte. Rußland hatte das größte Interesse daran, mit seinen Truppen dem von Napoleon zunächst bedrohten Österreich zu Hilfe zu kommen, und es begehrte zu diesem Behufe den freien Durchmarsch durch Preußens östliches Gebiet. Preußen mußte seinem unseligen Neutralitätsprinzip zufolge dieses Begehren abschlagen und ging sogar so weit, an seiner Grenze eine Heeresmacht aufzustellen, um dem Durchmarsch der Russen erforderlichenfalls Gewalt entgegensetzen zu können. Die erste Mobilmachung Preußens war also gegen die Feinde Napoleons gerichtet!

Rußland stand denn auch von seinem Vorhaben ab; weniger rücksichtsvoll aber war im gleichen Falle Kaiser Napoleon. Er gab seinem Feldherrn Bernadotte, der in Hannover stand, kurzerhand Befehl, mit seinen Truppen durch das preußische Ansbach zu marschieren, um den bei Ulm stehenden österreichischen General Mark überraschen und unschädlich machen zu können. Dem Befehl folgte natürlich die Tat. Bernadotte durchbrach das preußische Gebiet und zwang General Mack, sich mit 25000 Mann in Ulm zu ergeben. So war denn die Verletzung des preußischen Gebiets, die unter allen Umständen Ursache zum Kriege sein sollte, in brutalster Weise eingetreten, und so wäre es für Preußen auch jetzt noch Zeit gewesen, die nationale Ehre zu retten. Wissen man sich von Napoleon zu versehen hatte, darüber konnte doch, so sollte man meinen, nunmehr kein Zweifel obwalten. Noch jetzt hätte man die Politik Friedrichs des Großen wieder aufnehmen und das Interesse Deutschlands gegen einen frechen Eroberer wahren können. In der Tat schien es einen Augenblick auch, als wollte man sich zu einem Entschluß aufraffen. Kaiser Alexander von Rußland und Erzherzog Anton von Österreich trafen persönlich in Berlin ein, um den Beitritt Preußens zur Allianz gegen Frankreich zu erwirken. Die Patrioten im Lande jubelten; man glaubte, die große Stunde, in welcher der preußische Waffenruhm, das politische Ansehen Preußens wieder hergestellt werden würde, sei nunmehr unmittelbar bevorstehend. Stein erhielt den Auftrag, Gelder für die Kosten eines einjährigen Feldzuges im Belauf von 30 Millionen Talern flüssig zu machen. Stein selbst glaubte fest, daß der Krieg ausbrechen müßte, und hatte nur den einen Wunsch, daß er kräftig und glücklich geführt werden möge. Was an ihm lag, um die Mittel hierfür bereit zu stellen, das leistete er wiederum mit jener Genialität, die wir an ihm kennen. Zwar mußte er der Nation zu diesem Zwecke Opfer zumuten; aber Stein hatte Vertrauen zu seinem Volke, das er besser zu kennen meinte und auch wohl besser kannte als die überwiegende Zahl der kleinmütigen Ratgeber, von denen der König sonst umgeben war. In seinem Bericht vom 26. Oktober 1805 finden wir aus dieser Gesinnung heraus folgende noch heute unmittelbar zu Herzen dringenden, schönen, vertrauensvollen Worte ausgesprochen, die ihre Wahrheit freilich erst in einer späteren, noch ernsteren Zeit bewähren sollten.

„Diese Völker, welche den Siebenjährigen Kampf wider fast ganz Europa bestanden, welche nicht verzweifelten, als bei Kollin, bei Kunersdorf die Armee vernichtet schien, als die Hauptstadt zu wiederholten Malen in feindliche Hände fiel, als Jahre hindurch beinahe alle königlichen Staaten im Besitz der Fremden oder der Schauplatz der fürchterlichsten Kriegsauftritte waren, haben einen durch die Erinnerung solcher Zeiten geübten Mut, einen durch den damals erworbenen Ruhm des preußischen Namens für die Ehre desselben empfindlichen Sinn, und jetzt zugleich für die gerechte und ritterliche Denkungsart Eurer Majestät und für die ernste Not des Augenblicks und die allergrößten Interessen so gutes Verständnis, daß nichts nötig scheint, als ihnen vollkommen richtige Begriffe mit Klugheit beizubringen, und für jede nötige Maßregel ihres Beifalls und tätigsten Eifers sich gewiß zu machen. Ohne mir anzumaßen, in die der erhabenen Einsicht Eurer Majestät ohnehin vorschwebenden Erwägungen hoher Politik einzugehen, sei mir erlaubt zu sagen, daß ich zur Erreichung der meinem Wirkungskreis eigenen Zwecke und zur Ausführung der beliebten Entwürfe bei allen Untertanen der preußischen Monarchie guten Willen und jede Erleichterung zu finden mich gewiß halte, sobald sie sehen, daß es sich in der Tat um die Aufrechthaltung und Sicherstellung der Ehre der Krone, um die Unabhängigkeit und Selbständigkeit dieser glücklich blühenden Monarchie, um einen großen, edeln, rein aufgefaßten und kräftig zu verfolgenden Entwurf zur Wiederherstellung eines allgemeinen festen Friedens handelt: alsdann wird Mißmut Begeisterung werden und zuvorkommende Bereitwilligkeit jede Anstrengung erleichtern."

Stein schlug als Mittel zu dem gedachten Zwecke unter Verwerfung einer Anleihe bei fremden Staaten, die Preußen vom Auslande abhängig gemacht hätte, neben anderem besonders die Verwendung der vorhandenen Staatskassenüberschüsse, die Einführung von Papiergeld in beschränktem Maße und das Auflegen neuer Steuern vor. So schien denn alles klar zum Gefecht und der Augenblick gekommen, in dem es galt, die vielfache Schmach der legten Jahre auf dem Schlachtfelde an dem übermütigen Napoleon zu rächen. Doch es sollte anders geschehen. Zwar war in dem am 3. November zu Potsdam mit dem Zaren Alexander abgeschlossenen Vertrage festgesetzt worden, daß Preußen von Frankreich die Räumung Deutschlands, Hollands und der Schweiz und eine Trennung der Kronen von Frankreich und Italien verlangen und im Falle der Ablehnung dieser Forderungen an Frankreich den Krieg erklären sollte, doch mußte es schon auffallen, daß zur Ausführung dieser Botschaft, die, ernst genommen, ohne Frage den sofortigen Krieg bedeutete, kein anderer als Haugwitz, der ergebenste Bewunderer und Verehrer Napoleons, ausersehen wurde. Der Ausgang dieser Sendung Haugwitz' entsprach denn auch ganz dem Charakter des Gesandten. Haugwitz ließ sich von Napoleon am Narrenseil führen, bis jener die russisch-österreichische Allianz bei Austerlitz zu Boden geschlagen, und Österreich einen demütigenden Frieden zu Preßburg hatte abschließen müssen. Darauf diktierte Napoleon dem preußischen Gesandten zu Schönbrunn am 15. Dezember 1805 einen Vertrag, wie er schmählicher kaum gedacht werden konnte. Preußen schloß danach mit Napoleon ein Schutz- und Trutzbündnis, trat Neuchatel, Kleine und Wesel an Frankreich und Ansbach an Bayern ab, während ihm Napoleon als Ersatz dafür gnädig das Königreich Hannover gewährte, das gar nicht Frankreich sondern dem Preußen eng befreundeten England gehörte. Als man in den Kreisen der begeisterten Berliner Patrioten von dieser unerhörten Feigheit und Eigenmächtigkeit Haugwitz' erfuhr, war die Erbitterung eine ganz außerordentliche und allgemeine. Die Regierung scheute sich doch, den Vertrag ohne weiteres gutzuheißen. Man wollte kein Schutz- und Trutz-, sondern nur ein Freundschaftsbündnis mit Frankreich, und man wollte Hannover nicht in endgültigen Besitz, sondern nur in vorläufige Verwahrung nehmen, bis in einem künftigen Frieden die Zustimmung zu der Abtretung Englands erfolgt wäre. Daß der Schönbrunner Vertrag durch diese Abänderungen sehr viel ehrenvoller geworden wäre, wird sich nicht gut behaupten lassen, daß man aber vollends mit der Überbringung dieser neuen Vorschläge abermals denselben Haugwitz beauftragte, erschien den Zeitgenossen und scheint uns heute noch unbegreiflich. Kein Wunder, wenn Napoleon mit einer Nation, die alle Selbstachtung so beiseitesetzte, nunmehr annähernd wie mit einer besiegten Macht verhandeln zu können glaubte. Er erklärte den Vertrag von Schönbrunn für null und nichtig und diktierte Haugwitz einen neuen Vertrag, der außer den schmählichen Bedingungen jenes ersten noch die Zustimmung Preußens zu der Errichtung eines Herzogtums Berg unter Napoleons Schwager Murat, sowie die sofortige Schließung der Elbe- und Wesermündung und aller preußischen Hasen für englische Schiffe festsetzte.

Man geht schwerlich zu weit, wenn man diesen Vertrag als einen der schlimmsten Flecke bezeichnet, der sich in der Geschichte Preußens findet. Was Napoleon unserm Vaterlande antat, als seine Heeresmacht bei Jena und Auerstädt, bei Friedland und Eylau niedergeschlagen war, das mußte es ertragen, ein unbesiegter Staat aber durfte sich so entehrende Bedingungen niemals auferlegen lassen. Und doch wurde der Vertrag am 15. Februar 1806 von Haugwitz unterzeichnet und in Berlin gebilligt und bestätigt.

Niemand empfand die der preußischen Ehre angetane Schmach tiefer als der Freiherr vom Stein. Und gerade in jenen Tagen sehen wir den gewaltigen Mann in seiner ganzen Größe. Nicht unfruchtbares Klagen und Schelten, so schroff und grimmig er seinem Zorn auch mitunter Luft zu machen wußte, war seine Art. Vielmehr hielt er den Sinn in diesen trüben Tagen fest darauf gerichtet, in rastloser Arbeit das preußische Staatswesen zu dem bevorstehenden unvermeidlichen Kampfe auf Leben und Tod wenigstens in dem Grade zu rüsten, als es die Umstände irgend zuließen.

Die ganze preußische Staatsverfassung lag im Argen. Friedrich der Große hatte den Verwaltungsapparat ganz auf seine Person zugeschnitten, und für ihn, der es mit übermenschlicher Geisteskraft vermocht hatte, alle einzelnen Glieder des Staatskörpers zu lenken, war die Zusammenfassung aller Befugnisse an einem einzigen Punkte, in der Person des Königs, das Rechte gewesen. Unter Friedrich dem Großen hatte – und so war es geblieben bis auf Steins Zeit – die Regierung kein einheitliches Organ. Es bestand ein Generaldirektorium, und zu diesem gehörten die Minister und eine Anzahl von Räten, und dort hätte man den Sitz der Einheit für die Verwaltung suchen sollen. Tatsächlich aber lagen die Dinge ganz anders. Die Minister hatten teils einzelne Provinzen zu verwalten, teils standen sie besonderen Verwaltungsfächern für das ganze Königreich vor. So gab es einen Minister für die Finanzen, einen für Berg- und Hüttenwesen, einen für Militärsachen usw. Diese Fachminister standen den Provinzialministern in ihren Befugnissen so gegenüber, daß es schwer zu sagen gewesen wäre, wo das Machtbereich der einen anfing und der andern aufhörte. Schon daraus ergab sich eine große Zerfahrenheit in der Geschäftsführung, die noch vermehrt wurde einerseits durch den Mangel der rechten Verantwortlichkeit seitens der Minister für ihre Verwaltung und durch deren Einflußlosigkeit bei der Krone; denn die Minister hielten nicht einmal Vortrag bei dem König. Sie Unterzeichneten dessen Regierungshandlungen nicht unter Übernahme der Verantwortlichkeit, sondern der Form nach geschah alles durch den König selbst. Da nun seit dem Tode des großen Königs kein Herrscher mehr im Stande war, das Staatsgetriebe im einzelnen zu überblicken, so mußte sich der König auf diejenigen Personen verlassen, die ihm die Staatsakten vortragen und zur Unterschrift unterbreiteten. Dies waren seine Kabinettsräte. Anfangs untergeordnete Personen – unter Friedrich II. waren sie nicht mehr als eine

Art bevorzugter Schreiber gewesen –, die aber im Laufe der Zeit, je weniger die nachfolgenden Monarchen im Stande waren, zu den zahllosen Einzelgeschäften der Regierung selbständig Stellung zu nehmen, an Bedeutung immer mehr gewachsen waren und jetzt schließlich sozusagen das Heft in Händen hielten. Eine rechte Verantwortung hatten diese Kabinettsräte selbstverständlich auch nicht; denn es bestand ja die Vorstellung, daß nicht sie, sondern der König alles aus eigenster Entschließung entschiede.

Daß diese Zustände unhaltbar waren, konnte dem Scharfblick Steins keinen Augenblick entgehen. Hier, das sah er, mußte vor allem Wandel geschaffen werden, um das Staatswesen in gesunde Bahnen zu leiten. So arbeitete er eine Denkschrift aus, indem er die Scheiben der bestehenden Zustände schonungslos aufdeckte und den Weg zur Abhilfe klar vorzeichnete. Diese erste große staatsmännische Denkschrift Steins wurde dem König im April 1806 unterbreitet. Nachdem Stein die darin eben erwähnten Schäden besprochen, wirft er die Frage auf, ob denn etwa die Personen, die den König in der Eigenschaft als Kabinettsräte beeinflußten, durch ihre besonderen Vorzüge die Fehlerhaftigkeit der Einrichtung gut zu machen geeignet wären, und äußert seine Meinung mit einem geradezu erstaunlichen Freimut. Zwar bei Beyme, der den größten Einfluß ausübte, läßt er noch einige gute Eigenschaften, die dieser in der Tat besaß, gelten, ohne indes die „gemeine Aufgeblasenheit" und den Mangel an Sittenreinheit und Arbeitsamkeit desselben zu verschweigen. Weit schlimmer wird Lombard, der eigentliche Vertreter der Franzosenkriecherei bei Hofe, abgefertigt, der als physisch und moralisch gelähmt und abgestumpft, als frivol und jedes ernsthaften Wissens bar und gleichgültig gegen Gutes wie Böses bezeichnet wird. Nicht besser kommt der Minister Haugwitz weg, und hier verstehen wir den Zorn Steins gegen einen Mann, der über Preußen so viel Schmach gebracht, vollkommen. „Haugwitz", so heißt es wörtlich, „ist gebrandmarkt mit dem Namen eines listigen Verräters, eines Mannes ohne Wahrhaftigkeit und eines abgestumpften Wolllüstlings." Nachdem Stein so in seinem Urteil mit den bestehenden Zuständen und Verhältnissen reinen Tisch gemacht, trägt er seine Reformvorschläge vor. Er beantragt, die Staatsgeschäfte unter fünf Minister: des Krieges, des Auswärtigen, des Innern, der Finanzen und der Rechtspflege zu verteilen; eine ununterbrochene persönliche Verbindung derselben mit dem Könige durch mündliche Vorträge zu sichern, endlich einen geheimen Staatsrat für sämtliche zur unmittelbaren Entscheidung des Königs gelangende Angelegenheiten zu organisieren und in den Versammlungen desselben jedem

Minister den Vortrag seiner Anträge zu überlassen.

„Sollten", so schließt er diese Denkschrift, „Se. Königliche Majestät sich nicht entschließen, die vorgeschlagenen Veränderungen anzunehmen, sollten Sie fortfahren, unter dem Einfluß des Kabinetts zu handeln, so ist es zu erwarten, daß der preußische Staat entweder sich auflöst oder seine Unabhängigkeit verliert, und daß die Achtung und Liebe der Untertanen ganz verschwinde."

Das waren rechte Worte zur rechten Zeit. Leider blieben sie unbeachtet. Der König, dem die Denkschrift durch die Vermittelung der edeln Königin Luise, die für Steins Bestrebungen ein volles Verständnis hatte, zuging, fühlte sich vielleicht mehr noch als durch die tiefgreifenden Veränderungen, die seiner Natur widerstrebten, durch die Schroffheit des Tones verletzt, und so blieb alles beim Alten.

Man kann bei der Gestalt Friedrich Wilhelms III. nicht ohne die Empfindung tiefen Mitgefühls verweilen. Er wäre mit seinem Geradsinn, mit seinem Pflichtgefühl, seiner streng rechtlichen Denkungsart und seinem weichen Gemütsleben ganz der Monarch gewesen, um in ruhigen Zeiten ein so tüchtiges Volk wie das preußische glücklich zu regieren. Aber er war hineingeworfen in den

Strudel einer Zeit, die einen eisernen Mann von festen, schnellen, durchgreifenden Entschlüssen verlangte. Er wollte inmitten einer kriegdurchtobten Epoche sein Volk nach innen und nach außen friedlich im alten Gleise weiterführen, und das ging leider nicht an. Während Steins Reformvorschläge ihm schon zu gewaltsam dünkten und er sie daher ablehnte, um seine Ruhe zu wahren, sollten bald die Schicksalsschläge von außen mit eisernem Hammer auf ihn niederschmettern.

Der Krieg mit Napoleon kam nun im Herbst des Jahres doch zum Ausbruch, weil der Übermut Napoleons keine Grenzen mehr kannte. Der Rheinbund war im Juli gegründet, das alte deutsche Kaisertum, morsch wie es war, zusammengebrochen. Immer dichter drängten sich die französischen Heeresmassen an der Grenze Preußens zusammen, Hannover sollte ohne Preußens Zustimmung an England zurückgegeben werden – es blieb keine Wahl mehr, Preußen machte mobil. Jetzt wagte Stein noch einmal unmittelbar vor der Katastrophe, seine Reformvorschläge aufzunehmen. Diesmal wurde der Versuch unternommen nicht von Stein allein, sondern in Gemeinschaft mit den Prinzen Wilhelm und Heinrich, den Brüdern des Königs, dem Prinzen Louis Ferdinand und den Prinzen von Oranien, sowie mit den Generalen Pfuhl, Rüchel, Blücher und dem Herzog von Braunschweig. Sie alle drangen auf eine Entfernung des Kabinetts, da die öffentliche Stimmung von Verrat und Bestechung sprach. Aber der König empfand diese Eingabe nur als eine dreiste Verletzung seiner unantastbaren Hoheitsrechte; er verwies den Unterzeichnern der Eingabe ihr Unterfangen aufs Nachdrücklichste, und sogar Bestrafungen blieben nicht aus. So brach denn das Verhängnis herein über das alte Preußen in seiner unveränderten Gestalt. Ein neues Preußen sollte sich erst bilden nach der völligen Zerschmetterung jenes ersten, inmitten der niederdrückenden Fremdherrschaft. Vielleicht war es gut so. In jener letzten Stunde hätte eine Reform den Zusammenbruch aufzuhalten doch nicht mehr vermocht, und das Ruhmesblatt der Erhebung Preußens erscheint in der Geschichte um so glorreicher, je größer die Arbeit war, die bei der Wiederaufrichtung dieses Staates zu leisten vorbehalten blieb.

So begann der Krieg. Rasch wälzten sich die napoleonischen Heerscharen in das Herz von Deutschland. Die hochmütigen alten preußischen Generale, die noch unter dem großen Friedrich gedient, wähnten, weil die preußischen Soldaten noch immer dieselben Gamaschen, dieselben Uniformen trugen wie unter dem großen König, und weil sich nichts in den Heereseinrichtungen geändert hatte, daß darum diese Armee auch noch ebenso unüberwindlich sei. Man träumte von einem „neuen Roßbach" und zerbrach sich schon den Kopf darüber, was man mit Napoleon anfangen sollte, wenn man ihn erst gefangen hätte. Freilich dachten nicht alle so, und einzelne tiefe, ernstere Naturen sahen ahnend das Unglück, das hereinbrechen würde, voraus. Die Schäden, an denen die preußische Armee damals krankte, hat sehr zutreffend General von Clausewitz geschildert. Er sagt: „Die obere Leitung war ohne Geist. In jeder Hinsicht veraltet, der Zahl nach viel zu groß für die Kraft des Landes, und auf dieser Höhe durch ausländische Werbung und eine fünfundzwanzig- bis dreißigjährige Dienstzeit erhalten, stand das Heer, in welchem nur der Adel zu Offizierstellen befähigte und der Gemeine herabwürdigenden Leibesstrafen unterworfen war, durch Zusammensetzung, Einrichtung, einseitige Ausbildung und schroffen Kastengeist seiner meisten Bestandteile in einem unnatürlichen Zwiespalt mit den übrigen Ständen. Die Bewaffnung war schlecht, Nahrung und Kleidung des Soldaten unter dem Notdürftigen, dagegen die Einnahmen der höheren Offiziere vom Kompaniechef an in Friedenszeiten unverhältnismäßig hoch, dadurch die höheren Offiziere für Erhaltung des Friedens befangen, die Verabschiedung kraftloser und unfähiger Befehlshaber der Rücksicht auf Pensionsersparung untergeordnet, daher fast sämtliche höheren Offiziere bis zum Stabskapitän herab alt und gebrechlich und die Stellen der Festungskommandanten mit matten, hinfälligen Greisen besetzt. Der Geist des Heeres war demzufolge unkriegerisch, mit Ausnahme der jüngeren Offiziere; die Bildung einseitig ohne Würdigung der neuesten kriegerischen Erfahrungen; die Ausrüstung für den Krieg nach alter Art mit überflüssigen Dingen überladen."

Der erste Zusammenstoß erfolgte bei Saalfeld am 10. Oktober. Die preußischen Vortruppen wurden zurückgeworfen, und Prinz Louis Ferdinand starb den Heldentod. Schon diese Nachricht verbreitete allgemeinen Schrecken, und namentlich wurde der Tod des genialen Prinzen tief betrauert. Louis Ferdinand war mit ausgezeichneten Gaben des Geistes und des Herzens ausgestattet gewesen; aber die schmachvolle Politik der letzten Jahre und der Umstand, daß er keine seinen Fähigkeiten entsprechende Betätigung im Staatswesen zu finden vermocht, hatte seinen Sinn verdüstert und ihn zu einem wilden, ausschweifenden Leben verführt, in dem er Vergessenheit suchte. Einen heilsamen Einfluß auf ihn hatte nur ein Mann, unser Freiherr vom Stein, ausgeübt, dessen tiefsittlicher Ernst den Prinzen wiederholt in geordnete Bahnen zurückgeleitet hatte, freilich immer nur auf kurze Zeit. Und jetzt, wo der Moment gekommen war, wo der Prinz Raum für die Entfaltung seiner Kräfte gefunden hätte, riß das Schicksal ihn als erstes Opfer für das Vaterland hinweg.

Die Ereignisse folgten nun schnell. Die preußische Hauptarmee wurde am 14. Oktober bei Jena und Auerstädt vernichtet. Der greise Herzog von Braunschweig, der einst unter Friedrich so glorreich gefochten, fiel in der Schlacht, und da er niemandem seinen Kriegsplan mitgeteilt hatte, so war die Ratlosigkeit und Verwirrung grenzenlos. Das Heer Friedrichs geschlagen und vernichtet! Das schien unbegreiflich, das schien wie der Untergang einer Welt, und in der Tat war es der Untergang des alten Preußens. Die Armee war zersprengt. Am 27. Oktober zog Napoleon in Berlin ein, und die Königsfamilie mußte nach Königsberg und Memel flüchten. Der Rest des Heeres ergab sich unter Hohenlohe bei Prenzlau und unter Blücher bei Lübeck. Die Kommandanten der Festungen, von Schrecken gelähmt, übergaben feige, ohne nennenswerten Widerstand ihre Plätze dem Feinde. Alles schien verloren.

Wer aber in jenen Tagen ungebeugten Sinnes in klarer, überlegter Entschlossenheit die Hoffnung auf die Zukunft des Vaterlandes nicht aufgab und zu retten suchte, was als Vorbereitung für eine bessere, kommende Zeit zu retten übrig blieb, das war der Freiherr vom Stein. In Voraussicht dessen, was kommen könnte, hatte er schon vor der Kunde von der Schlacht bei Jena die Staatskassenbestände einpacken lassen und konnte sie so noch rechtzeitig nach Königsberg in Sicherheit bringen. Am 20. Oktober verließ er selbst, schwer erkrankt, die Hauptstadt, um dem Könige zu folgen und um bei den Friedensverhandlungen, die nun begannen, seine Stimme mit entscheidend in die Wagschale werfen zu können. Die Forderungen Napoleons waren maßlos, und wie sollten sie es nicht sein! Ja, sie wuchsen noch im Laufe der Verhandlungen, je leichter Napoleon die Aufgabe fand, sich des preußischen Gebietes links von der Oder zu bemächtigen. So kam es denn am 21. November in dem ostpreußischen Städtchen Osterode zu einer schwerwiegenden Entscheidung. Es war, so sagt ein neuerer Geschichtsschreiber, der Augenblick, der die Männer von den Buben und den Klüglingen schied. Napoleon verlangte Abtretung der linkselbischen Gebiete, die Räumung von Thorn, Graudenz, Danzig und fast ganz Schlesiens und den Rücktritt von dem russischen Bündnisse. Es handelte sich in Osterode darum, ob man diesen Vertrag, der die vollständige Unterwerfung unter Napoleons Willen bedeutet hätte, annehmen oder verwerfen solle. Stein zweifelte keinen Moment, daß der Vertrag zu verwerfen sei, und mit ihm stimmte diesmal nicht nur der Minister Graf Voß - Hardenberg war nicht anwesend -, sondern auch

Beyme, und der König trat auf ihre Seite. Haugwitz erhielt seine Entlassung – Fast mag es tollkühn erscheinen, daß man auch jetzt noch dem übermächtigen Napoleon zu trotzen wagte; denn rascher und, wie man glaubte, vollständiger war kaum jemals in der neueren Geschichte ein tapferes, kriegstüchtiges Volk niedergeworfen worden. Napoleon hatte denn auch diesen Staat, als einen wehrlosen, mit keiner Kränkung verschont. Aus Potsdam sandte er, ohne Scheu vor der Heiligkeit der Gräber, den Stock und Degen des alten Fritz nach Paris, die Viktoria auf dem Brandenburger Thor in Berlin ließ er herabholen, um sie ebenfalls nach Frankreich zu schicken, und nicht minder plünderte er die Kunstsammlungen der preußischen Hauptstadt, um Paris damit zu bereichern. Auch das Denkmal auf dem Schlachtfelde von Roßbach wurde zerstört und überhaupt mit Preußen verfahren, wie nur ein übermütiger Sieger mit einem unterlegenen Gegner rücksichtslos verfahren kann. Daß der Stern Preußens für alle Zeiten untergegangen sei, war damals eine fast allgemein verbreitete Meinung, die auch Napoleon zu hegen wenigstens vorgab. „Preußen ist verschwunden", schrieb er triumphierend an den Sultan, und der angesehenste politische Schriftsteller jener Zeit, Gentz, behauptete kurzerhand, es sei lächerlich, an die Auferstehung Preußens auch nur zu denken. Und doch war es kein eitler, auf ein Nichts gegründeter verzweifelter Wagemut, der die Getreuen in Osterode antrieb, das Äußerste zu versuchen. Gerade in jenen Tagen langte in Ostpreußen die Kunde an von dem tapferen, unüberwundenen Widerstand, den die wackeren Schlesier unter des körperlich stechen aber geistig feurigen, klugen und heldenhaften Grafen Götzen Führung der Eroberungsarmee entgegenstellten. Auch sonst hatte sich in manchen Erscheinungen jener Geist des unverzagten Heldentums angekündigt, der die spätere Erhebung Preußens kennzeichnet. Außer den schlesischen Festungen Glatz und Kosel leistete Kolberg unter des greisen Nettelbeck Leitung und Graudenz unüberwindbaren Widerstand, und auch Danzig trotzte dem Feinde bis ins Jahr 1807 hinein. Die Berater des Königs, und Stein als bedeutendster unter ihnen, taten daher nur ihre Schuldigkeit, wenn sie ihr Volk nicht kleinmütig aufgaben, sondern zur Fortführung des Krieges sich entschlossen.

Der König bot jetzt Stein das Ministerium des Auswärtigen an. Dieser lehnte aber ab, weil er wußte, daß die Führung diplomatischer Geschäfte, gegen die er von jeher einen Widerwillen gehabt, nicht das eigentliche Feld seiner Tätigkeit sei. Er schlug an seiner Stelle Hardenberg vor. Zugleich kam er in Königsberg, wohin das Hauptquartier verlegt werden mußte, auf seine Reformvorschläge vom vorigen Jahre zurück. Der König schien diesmal nicht abgeneigt, darauf einzugehen, doch scheiterte das Werk auch diesmal an der Personenfrage. Der König konnte sich nicht entschließen, Beyme zu entlassen, und Stein machte von dieser Bedingung seinen Eintritt in den neu zu bildenden Staatsrat abhängig; er verweigerte sogar, ein von dem König verlangtes Gutachten abzugeben. So kam es zu einem Bruch zwischen Stein und dem König.

Die königliche Familie sah sich Anfang Januar genötigt, von Königsberg vor dem Andringen der Franzosen weiter nach Memel zu entweichen, und Stein sollte in derselben Nacht dorthin nachfolgen. Es war am 3. Januar 1807 abends, wenige Stunden vor der Abreise. Zu dem patriotischen Schmerz hatte sich bei Stein, der sich selber leidend fühlte, schwerer häuslicher Kummer gesellt. Sein Töchterchen lag todkrank am Nervenfieber danieder, und in banger Sorge saß der Vater am Krankenbett seines Lieblings. Da erschien ein Feldjäger des Königs und überbrachte ihm eine von dem Monarchen eigenhändig geschriebene Kabinettsordre. Stein erbrach das Schreiben und las:

„Ich hatte ehemals Vorurteile gegen Sie! Zwar hielt ich Sie immer für einen denkenden, talentvollen und großer Conceptionen fähigen Mann; ich hielt Sie aber zugleich für excentrisch und genialisch, das heißt mit einem Worte für einen Mann, der da immer nur seine Meinung für die wahre hält, sich nicht zum Geschäftsmann an einem Flecke paßt, wo es immerfort Berührungspunkte giebt, die ihn bald verdrossen machen würden. Ich überwand diese Vorurteile, da ich mich von jeher bestrebt habe, nicht nach persönlichen Launen die Diener des Staates zu wählen, sondern nach vernünftigen Gründen. Am auffallendsten hierbei bleibt es, daß gerade diejenigen Personen, die jetzt von Ihnen angefeindet und gestürzt werden sollen, eben diejenigen sind, die damals Ihre kräftigsten Fürsprecher waren, – und ich gab nach. Sie ersetzten den verstorbenen Struensee. Ich überzeugte mich bald, daß Ihre Departementsführung musterhaft war. Schon regte sich bei mir der Gedanke, Sie näher an mich zu ziehen, um Sie dereinst für größere Wirkungskreise zu bestimmen. Ein ironischer Ausfall über die Handlungskonjunkturen im vergangenen Sommer, unpassend in einem ministeriellen Bericht, zog Ihnen einen verdienten Beweis von mir zu. Sie schwiegen! Ob aus Überzeugung, daß Sie unrecht hatten, will ich dahingestellt sein lassen. Nicht lange darauf erblickte ich Ihren Namen unter einer von mehreren unterzeichneten Schrift, die ich, ihrer seltsamen Form wegen, lieber ganz übergehen will. Diesem allen ungeachtet fuhr ich fort, Ihnen mein Vertrauen zu schen-

Stein am Krankenlager seines Töchterchens erhält den ungnädigen Brief des Königs.

ken und Sie bei allen Hauptverhandlungen zu Rate zu ziehen. Ihr Urteil war stets dasjenige eines scharfsinnigen Kopfes. Ich dachte demnach auf Mittel, Sie den ersten Wirkungspunkten der großen Staatsmaschine zu nähern; dieserhalb übertrug ich Ihnen, das Portefeuille der auswärtigen Angelegenheiten wenigstens stellvertretend zu übernehmen. Sie verweigerten in einem bombastreichen Aufsatz die Annahme dieser ehrenvollen Stelle, hauptsächlich unter dem Vorwande Ihrer Unkunde in diesem Geschäft. Ungeachtet mich diese abschlägige Antwort damals in große Verlegenheit setzen mußte, gab ich Ihren Gründen nach, und um Ihren Absichten in Ansehung eines zu verbessernden Geschäftsganges in den Regierungsangelegenheiten noch mehr zu entsprechen, erließ ich unter dem 17. Dezember v. Js. die Ihnen vermutlich bekannt gewordene Ordre. Ich sage vermutlich, da mir Ihr beharrliches Stillschweigen, das ich anfänglich auf Rechnung Ihres Gesundheitszustandes brachte, sonst gänzlich unerklärlich bleiben muß. Zwar weiß ich wohl, in welcher trotzigen Art Sie sich hierüber mündlich und schriftlich gegen die Generale von Rüchel, von Zastrow und von Köckritz geäußert haben, und daß Sie jetzt eben zu zweien Malen die Berichterstattung jäher eine Angelegenheit verweigert haben, die mir von Ihnen selbst zugeschickt, und die also als zu Ihrem Ressort gehörig vollkommen anzusehen war.

Aus allem diesen habe ich mit großem Leidwesen ersehen müssen, daß ich mich leider nicht anfänglich in Ihnen geirrt habe, sondern daß Sie vielmehr als ein widerspenstiger, trotziger, hartnäckiger und ungehorsamer Staatsdiener anzusehen sind, der, auf sein Genie und seine Talente pochend, weit entfernt das Beste des Staates vor Augen zu haben, nur durch Capricen geleitet, aus Leidenschaft und aus persönlichem Haß und Erbitterung handelt. Dergleichen Staatsbeamte sind aber grade diejenigen, deren Verfahrungsart am allernachteiligsten und gefährlichsten für die Zusammenhaltung des Ganzen wirkt. Es thut mir wahrlich wehe, daß Sie mich in den Fall gesetzt haben, so klar und deutlich zu Ihnen reden zu müssen. Da Sie indessen vorgeben, ein wahrheitsliebender Mann zu sein, so habe ich Ihnen auf gut Deutsch meine Meinung gesagt, indem ich noch hinzufügen muß, daß, wenn Sie nicht Ihr respektwidriges und unanständiges Benehmen zu ändern willens sind, der Staat keine große Rechnung auf Ihre ferneren Dienste machen kann.

Königsberg, den 3. Januar 1807.

Friedrich Wilhelm."

Was dieses Schreiben bedeutete, war Stein sofort klar, und sein unbeugsamer Sinn war entschlossen, zu tun, was er glaubte nicht lassen zu dürfen. Schon nach einer halben Stunde war die Antwort in den Händen des Feldjägers. Sie lautete:

„Ew. Königlichen Majestät Allerhöchste Kabinettsordre d. d. 3. Januar a. c. habe ich in dem Augenblick erhalten, wo ich mich zu einer in sehr vieler Hinsicht beschwerlichen und bedenklichen Reise nach Memel vorbereitet hatte und im Begriffe war, diese Nacht abzugeben. Da mich Dieselben für einen „widerspenstigen, trotzigen, hartnäckigen und ungehorsamen Staatsdiener ansehen, der, auf sein Genie und sein Talent pochend, weit entfernt, das Beste des Staates vor Augen zu haben, nur durch Capricen geleitet, aus Leidenschaft und persönlichem Haß handelt", und ich gleichfalls überzeugt bin, daß dergleichen Staatsbeamte am aller nachteiligsten und gefährlichsten für die Zusammenhaltung des Ganzen wirken, so muß ich End. Königliche Majestät um meine Dienstentlassung bitten, der ich hier entgegensehe, da ich unter diesen Umständen den Vorsatz, nach Memel zu gehen, aufzugeben genötigt bin.

3. Januar 1807.

                                            Stein."

Der König erwiderte am folgenden Tage:

„Da der Herr Baron vom Stein unter gestrigem Dato sein eigenes Urteil fällt, so weiß ich nichts hinzuzusetzen.

Friedrich Wilhelm."

So war das Vaterland in einer Zeit, wo es darauf angekommen wäre, alle vorhandenen Kräfte für seine Rettung zu sammeln, wenigstens für den Augenblick der schöpferischsten Kraft, über die es verfügte, beraubt. Stein begab sich nach Nassau, um zunächst seine Gesundheit wiederherzustellen, dann aber weiter darüber nachzugrübeln, auf welchem Wege das niedergeworfene Preußen neu wieder aufgerichtet werden möchte.

Der Krieg in Ostpreußen hatte inzwischen seinen Fortgang genommen; die Russen waren dem Reste der preußischen Wehrkraft leider mit ungenügender Truppenzahl zu Hilfe gekommen, im Februar 1807 war die mörderische Schlacht bei Eylau, in der zum ersten Mal die Unüberwindlichkeit Napoleons in Frage gestellt wurde, geschlagen worden; im Juni 1807 hatte dann Napoleon den Sieg bei Friedland errungen, und im nächsten Monat folgte der traurige Friede zu Tilsit.

Stein als Reformator Preußens

Der Friede von Tilsit war nicht nur ein in jeder Beziehung grausamer und niederschmetternder, er war auch diplomatisch von seiten Preußens höchst unvorsichtig abgeschlossen worden. Die Frage der Räumung Preußens von den französischen Truppen und der zu zahlenden Kriegsentschädigung war darin nicht entschieden. Es sollte diese Unvollständigkeit in der unmittelbar folgenden Konvention zu Königsberg am 12. Juli ergänzt werden. Aber auch hier ging der preußische Unterhändler, Graf Kalkreuth, mit fast unglaublichem Leichtsinn vor. Es sollte danach Preußen allmählich von den französischen Truppen geräumt werden, falls die fälligen Kriegskosten bezahlt würden; die Höhe dieser Kriegskosten aber und nähere Abmachungen über den Zeitraum der Abzahlung vorzusehen, vergaß Kalkreuth gänzlich. Dieser Umstand sollte für Preußen ganz außerordentlich verhängnisvoll werden. Die französischen Truppen blieben auf Preußens Kosten einfach im Lande; Napoleon schraubte seine Geldforderungen beliebig in die Höhe, und wehrlos mußte der unglückselige Staat mit gebundenen Händen zusehen, wie Napoleon schnöde, ohne weitere Anstalten treffen zu brauchen, auf seine Vernichtung im Frieden hinarbeitete.

Zunächst veranlaßte Napoleon die Entlassung Hardenbergs, auf den er einen unversöhnlichen Haß geworfen; aber so kurzsichtig war in diesem Fall der Imperator, daß er zu Hardenbergs Nachfolger niemand anderen empfahl, als unsern Stein, der „ein Mann von Geist" sei. So hat es das Schicksal gewollt, daß Napoleon selbst demjenigen Manne wiederum zu der maßgebenden Stellung verhalf, der den Sturz des Eroberers wie keiner sonst vorbereiten sollte. Hardenberg selbst trat natürlich ebenfalls für die Berufung Steins ein. Die Prinzessin Luise Radziwill sowohl wie Blücher baten Stein eindringlich, wiederum in den Dienst einzutreten, und ihre Briefe begleitete ein Schreiben Hardenbergs, der Stein im Namen des Königs aufforderte, an die Spitze der preußischen Staatsgeschäfte zu treten, und sich zugleich persönlich den Bitten jener beiden aufs eindringlichste anschloß.

„Sie sind in der That", schrieb Hardenberg damals am 10. Juli 1807, also am Tage nach der Unterzeichnung des Friedens von Tilsit, „der einzige, auf den alle guten Vaterlandsfreunde ihre Hoffnung sehen; würden Sie sich weigern, sie zu erfüllen? Ich verwerfe diesen Gedanken! Der König wird Ihnen bestimmt sein ganzes Vertrauen schenken und Ihnen die Sorge für die Wiederherstellung des Staates mit der Wahl der Mittel und Personen überlassen. Von dem, was zwischen Ihnen beiden vorgefallen ist, sei niemals wieder die Rede. Der König hat durch das Unglück viel gewonnen, und seine Ausdauer macht ihm Ehre. Treffen Sie die rechte Weise, die Geschäfte mit ihm zu behandeln, so werden Sie ihn zu allem bestimmen, was gut und nützlich ist, wie mir dieses vollkommen gelungen war. Vermeiden Sie besonders das Ansehen, ihn regieren zu wollen. Er besitzt die gute Eigenschaft, Widerspruch zu ertragen und denjenigen zu schätzen, der ihm die Wahrheit sagt, wenn es mit der Ehrerbietung geschieht, die man dem Fürsten schuldig ist, ohne Bitterkeit und aus wahrer Liebe für ihn und seinen Dienst."

Aus dem Briefe der Prinzessin Luise wollen wir nur folgende Stelle erwähnen:

„Auf Sie, mein lieber Stein, wenden sich alle unsere Blicke in diesen traurigen Augenblicken; von Ihnen hoffen wir Trost und Vergessen der Unbilden, welche Sie von uns entfernt, und deren sich zu erinnern Sie zu großmütig sein werden zu einer Zeit, wo derjenige, welcher Sie beleidigt hat, nur noch Ihre Teilnahme und Ihre Hilfe verdient. Könnten Sie sich unsern Bitten entziehen? Könnten Sie dieses Land unglücklich und verlassen sehen und ihm diese Talente, diese

Einsichten verweigern, die allein uns noch von unserem Falle erheben können? Hardenberg hofft nur auf Sie; er sieht für seinen Herrn keine Hoffnung als in Ihnen, und wenn Sie uns nicht zurückgegeben werden, wenn Sie den Wünschen derer nicht folgen, welche Sie verlangen und flehentlich fordern, was soll aus dieser traurigen Zukunft werden?"

Diese Briefe wurden Stein durch zwei Feldjäger über Hamburg und Wien überbracht, und der preußische Gesandte in Wien, Graf Finkenstein, verfehlte nicht, auch seinerseits in markigen Worten auf Stein einzureden. Er schrieb unter anderm: „Sie allein werden im Stande sein, mit kräftigem Arm das Ungeziefer der Selbstsüchtigen, der Verräter und, was ebenso schlecht ist, der Dummköpfe auszurotten, welche den Staat bis in seine Grundlagen untergraben haben und die vorzüglichste Ursache unseres Verderbens sind!"

Hätte es bei Stein so vieler eindringlicher Mahnungen bedurft? Schwerlich. Stein war nur von dem einen heißen Wunsche beseelt, dem Vaterlande nützlich zu sein und zu retten, was irgend zu retten war. Wie hätte er da zaudern sollen, die Gelegenheit zu ergreifen, um seine Dienste wieder ganz der Sache, die ihm einzig am Herzen lag, zu widmen. Seine Gesundheit war noch keineswegs wieder hergestellt, er lag am Fieber krank danieder; aber sein Entschluß war sofort gefaßt. In seinem Antwortschreiben an den König hieß es:

„Eurer Königlichen Majestät Allerhöchste Befehle wegen des Wiedereintritts in Dero Ministerium der inländischen Angelegenheiten sind mir durch ein Schreiben des Kabinettsministers Hardenberg de dato Memel den 10. Juli den 9. August zugekommen. Ich befolge sie unbedingt und überlasse Eurer Königlichen Majestät die Bestimmung jedes Verhältnisses, es beziehe sich auf Geschäfte oder Personen, mit denen Eure Königliche Majestät es für gut halten, daß ich arbeiten soll. In diesem Augenblick des allgemeinen Unglücks wäre es sehr unmoralisch, seine eigene Persönlichkeit in Anrechnung zu bringen, um so mehr, da Eure Majestät Selbst einen so hohen Beweis von Standhaftigkeit geben."

Sobald sein Gesundheitszustand es Stein erlaubte, reiste er ab, und am 30. September 1807 traf er bei dem Könige in Memel ein, um die Leitung der Staatsgeschäfte zu übernehmen. Seine Ministerschaft sollte auch diesmal nur wenig über ein Jahr betragen; aber wohl nie hat ein Staatsmann in so kurzer Zeit so Großes geleistet wie der Freiherr vom Stein während der nun folgenden vierzehn Monate seiner amtlichen Wirksamkeit.

Der Staat Friedrichs des Großen war noch im wesentlichen der aus dem Mittelalter überkommene Stände- und Klassenstaat, der bis ins einzelne hinunter dem fast uneingeschränkten Willen des Königs und seiner ausführenden Organe gehorchte. Der bevorzugte Stand war der Adel. Aus ihm wurden alle Offiziersstellen und fast alle höheren Beamtenstellen besetzt. Er allein durfte Rittergüter erwerben, und er allein war stimmberechtigt auf den Kreistagen. Er herrschte auf seinem Grund und Boden unbedingt, er war Herr über seine Bauern und sprach Recht über sie. Die Städte andererseits wurden von staatlichen Behörden verwaltet, und die Bürgerschaft hatte nur verschwindenden Anteil an der Bestimmung über ihr Gemeinwesen. Die Handwerker waren in Zünfte streng abgegrenzt; ohne ihre Zustimmung konnte niemand in ihre Reihen treten. Im großen und ganzen standen sich im Lande der Adel, Bürger- und Handwerkerstand, sowie die eigenbehörigen Bauern als drei geschlossene Stände gegenüber, und über sie alle herrschte der Wille des Königs mit seiner zahlreichen Beamtenschaft. Das Heer war kein Volksheer wie heute, sondern mehr eine Söldnerschar, mit entehrenden Körperstrafen in Zucht und Ordnung gehalten. Das Bürgertum hielt sich vom Waffendienste tunlichst fern; denn Offizier konnte niemand aus seinen Reihen werden; die Einrichtung des Einjährig-

Freiwilligendienstes bestand noch nicht, und unter Umständen die Fuchtelklinge auf dem Rücken zu verspüren, wenn sie als Gemeine in den Heeresdienst eintraten, konnte die Bürgerssöhne nicht locken. So hatte der Staat unter Friedrich dem Großen ausgesehen, und so fand ihn im wesentlichen Stein vor, als er sein Reformwerk unternahm. Nur wenn man sich den Gegensatz zwischen dem alten Preußen und dem durch Stein oder wenigstens aus den Anregungen Steins heraus geschaffenen Staat vergegenwärtigt, kann man die Verdienste dieses großen Mannes im rechten Maße begreifen. Dabei freilich muß man außerdem stets die ungeheuerlichen Schwierigkeiten der äußeren Lage des Vaterlandes im Auge behalten, mit denen Stein zu kämpfen hatte. Wären alle die Reformen, die auf ihn zurückzuführen sind, unter normalen Verhältnissen und in friedlichen Zeiten durchgeführt worden, auch dann schon hätte Stein den Anspruch auf den Namen eines ausgezeichneten Staatsmannes. Daß aber sein Werk vollführt werden mußte in stetem Kampfe um die bloße Existenz desselben Staates, den es innerlich neu aufzubauen galt, das ist das Gewaltige, in der Geschichte einzig Dastehende an der schöpferischen Tätigkeit unseres Stein.

Fassen wir nun zunächst die äußeren politischen Verhältnisse ins Auge, mit denen Stein zu ringen hatte, während er gleichzeitig den inneren Neubau Preußens in Angriff nahm. Der wirtschaftliche Wohlstand des Landes war total vernichtet. Der Handel lag danieder, weil Preußen seine Häfen auf Napoleons Befehl gegen England sperren mußte. Die Landwirtschaft stand infolge des Krieges und seiner Verheerungen vor dem Ruin. Die Verschlechterung des Geldes durch Ausprägung unterwertiger Münzen, wie dies seit Friedrich dem Großen geschehen war, äußerte jetzt eine verderbliche Wirkung, indem dieses Geld mehr und mehr im Werte sank und die Armut dadurch zunahm. Die Staatseinkünfte reichten nicht entfernt aus, um den Bedarf zu decken. Die Gehälter der Beamten mußten stark, teilweise bis auf die Hälfte herabgesetzt werden. Ja, um die schlimmste Not zu lindern, wurde alles entbehrliche Gold- und Silbergeschirr des königlichen Hofes eingeschmolzen. Aber das alles hätte sich noch ertragen lassen, wenn die Zukunft nicht noch ein viel trüberes und bedrohlicheres Antlitz gezeigt hätte als die Gegenwart. 150 000 Franzosen, die in seinem Gebiete lagen, mußten von dem erschöpften Staate tagtäglich unterhalten werden. Man hat ausgerechnet, daß in den zwei Jahren, die Napoleon Preußen besetzt hielt, dem mißhandelten Lande nicht weniger als

1129000000 Franken abgepreßt wurden. Wie verschwindend gering ist gegen diese Summe, wenn man die Verhältnisse vergleicht, die Kriegsentschädigung von fünf Milliarden Franken, die das reiche Frankreich 1871 als Kriegskostenentschädigung an Deutschland zu zahlen hatte. Von der Not und dem Elend, das damals in Preußen herrschte, kann man sich kaum eine Vorstellung machen. Aber das alles konnte den Raubtiersinn Napoleons nicht abhalten, die Erpressungen immer weiter fortzusetzen. Mit brutalem Kaltsinn hütete er sich, auch nur die Bedingungen festzustellen, unter denen er Preußen zu räumen geneigt wäre. Im Gegenteil legte er einfach Beschlag auf die preußischen Staatseinkünfte, um die Regierung aller Mittel zu berauben. Vergebens unterhandelte Stein persönlich mit Napoleons Vertreter in Berlin, Daru, vergebens auch wurde der Bruder des Königs, der edle Prinz Wilhelm, nach Paris entsandt mit der Vollmacht, sogar ein Schutz- und Trutzbündnis mit Napoleon abzuschließen, demzufolge ein preußisches Hilfscorps dem Heerbanne des Eroberers hätte folgen müssen. Vergebens auch rief man die Vermittelung des Kaisers Alexander von Rußland an. Immer höher schraubte Napoleon seine Forderungen, und sein Daru in Berlin, sowohl wie er selbst sprachen es offen aus, die Frage der Räumung Preußens sei eine politische und durch Geldopfer nicht zu lösende. Es war klar, Napoleon wollte Preußen im Frieden vernichten, wie er denn auch vorübergehend mit dem Plan umging, auch noch Schlesien an sich zu reißen. Oft genug in jenen Tagen standen die preußischen Staatsmänner vor der hellen Verzweiflung, und damals faßte Stein und mit ihm vor allen Scharnhorst den Plan, als letztes Mittel einen allgemeinen Volksaufstand gegen die Fremdherrschaft zu versuchen. Es war dies kein Entschluß des Leichtsinns und der Übereilung; klar, ruhig und besonnen, aber auch festen Mutes und zum Äußersten bereit, überblickte Stein die Verhältnisse. Er wollte nicht ohne weiteres losschlagen, solange noch ein Funke von Hoffnung vorhanden war, das preußische Staatsschiff im Frieden über Wasser zu halten. Preußen sollte diesen Verzweiflungskampf auch nicht allein, auf eigene Faust beginnen; der glückliche Fortgang des spanischen Krieges gegen Napoleon und eine gleichzeitige allgemeine Erhebung in Österreich sollten die Voraussetzung sein. Aber alle Vorbereitungen sollten getroffen werden.

„Es muß", so schrieb Stein in einer Denkschrift vom 11. August 1808, „in der Nation das Gefühl des Unwillens erhalten werden über den Druck und die Abhängigkeit von einem fremden, übermütigen, täglich gehaltloser werdenden Volke; man muß sich mit dem Gedanken der Selbsthilfe, der Aufopferung des Lebens und des Eigentums, das ohnehin bald ein Mittel und ein Raub der herrschenden Nation wird, vertraut erhalten; man muß gewisse Ideen über die Art, wie eine Erhebung zu erregen und zu leiten, verbreiten und beleben. Hiezu werden sich mehrere Mittel auffinden und anwenden lassen, ohne daß die Regierung dabei tätig erscheint, die aber bei schicklicher Gelegenheit und unter günstigen Umständen diesen Geist wird benutzen können."

Die Gutsherren sollten ihre Bauern aufreizen; durch geheime Ausschüsse sollte das Feuer in der Bevölkerung geschürt werden, in den Städten sollten die Schützengilden den Mittelpunkt der Erhebung bilden. „Der Krieg", so äußerte sich Stein in einer zweiten Denkschrift, „muß geführt werden zur Befreiung von Deutschland durch Deutsche. Auf den Fahnen des Landsturmes muß dies ausgedrückt sein, und führt als ein Provinzialabzeichen jede Provinz ihr Wappen oder ihren Namen auf der Fahne. Man sollte nur eine Kokarde haben, die Farben der Hauptnationen in Deutschland, der Österreicher und Preußen, nämlich schwarz, weiß und gelb."

Von Rußland hoffte Stein in diesem Kampfe nichts, er hatte die Unzuverlässigkeit des Zaren klar durchschaut, während der König noch immer seine Hoffnungen dorthin wandte. Dagegen rechnete Stein auf starke Unterstützung namentlich durch Geldmittel von seiten Englands.

Man wird sich nicht verhehlen können, es war ein Wagnis auf Leben und Tod, das hier unternommen werden sollte, und die Bedenken des Königs gegen solche Pläne sind nur zu wohl verständlich. Will man aber Stein und den Patrioten, die auf seiner Seite standen, gerecht werden und sie von dem Vorwurf voreiliger Verzweiflung bewahren, so wird man immer wieder betonen müssen, daß sie diesen letzten Schritt durchaus nur dann tun wollten, wenn ein anderer nicht mehr übrig war, wenn sonst die Vernichtung Preußens im Frieden zur furchtbaren Tatsache werden sollte. Stein hat sich darüber mit aller Klarheit in der erst erwähnten Denkschrift ausgesprochen. Er schrieb: „Man muß die Möglichkeit des Mißlingens fest im Auge halten und wohl erwägen, daß die Macht, die man angreift, groß, und der Geist, der sie leitet, kräftig ist, daß der Kampf begonnen wird weniger in Hinsicht auf Wahrscheinlichkeit des Erfolges, als auf die Gewißheit, daß ohnehin eine Auflösung nicht zu vermeiden, und daß es pflichtmäßiger gehandelt ist gegen die Zeitgenossen und die Nachkommen, und ruhmvoller für den König und seine Nation, mit den Waffen in der Hand zu unterliegen, als sich geduldig in Fesseln schlagen oder gefangen halten zu lassen. Man muß sich mit dem Gedanken der Entbehrung jeder Art und des Todes vertraut machen, wenn man die Bahn betreten will, die man jetzt zu gehen sich vornimmt. Hat man auf diese Art sein Inneres vorbereitet und treten günstige Umstände ein, so fange man in Gottes Namen die Sache an und erinnere sich, daß durch Mut und Unerschrockenheit mit kleinen Mitteln große Zwecke erreicht worden sind. Man entferne aber auch alle trägen, gegen edlere Gefühle abgestumpften und jeder Hingebung und Aufopferung unfähigen elenden Menschen, die alles lähmen und verderben, und denen es nur um ruhigen Genuß ihrer Erbärmlichkeit zu tun ist."

Welchen Verlauf die Dinge genommen hätten, wenn Stein noch im nächsten Jahre 1809, als der Krieg zwischen Napoleon und Österreich von neuem entbrannte, leitender Staatsmann gewesen wäre, steht dahin, möglich, daß Preußen dann schon vier Jahre früher das napoleonische Joch abgeschüttelt hätte, möglich aber auch, daß der Aufstand unternommen und mißglückt wäre, und Napoleon alsdann den verhaßten Staat, wenn auch nur vorübergehend, solange seine Macht dauerte, völlig vernichtet hätte. Indes, es sollte anders kommen. Durch eine Unvorsichtigkeit Steins wurde sein Sturz herbeigeführt. Ein Brief, den Stein im August 1808 an den Fürsten Wittgenstein schrieb, war durch den Verrat eines Berliner Bürgers von den Franzosen aufgefangen worden. In diesem Briefe hatte Stein seine Pläne offen enthüllt: „Die Erbitterung", so hieß es in dem Schreiben, „nimmt täglich in Deutschland zu; es ist ratsam, sie zu nähren und auf die Menschen zu wirken. Ich wünschte sehr, daß die Verbindungen in Hessen und Westfalen erhalten würden und daß man auf gewisse Fälle sie vorbereite, auch eine fortdauernde Verbindung mit energischen, gutgesinnten Männern unterhalte und diese wieder mit andern in Verbindung setze."

Das Schreiben wurde sofort von der französischen Regierung amtlich veröffentlicht, und man mußte von Napoleons Zorn nunmehr alles fürchten. Steins Stellung war erschüttert, seine Gegner bei Hofe gewannen die Oberhand; nach einigem Zögern des Königs erhielt er am 24. November 1808 die von ihm selbst unter diesen Umständen wiederholt erbetene Entlassung. Der König wagte jetzt dem Willen Napoleons keinen Widerstand mehr entgegenzusetzen. Schon im September hatte er ohne Vorwissen Steins einen Vertrag mit Napoleon unterzeichnet, der die völlige Unterwerfung unter den Willen des Eroberers bedeutete. Die Kriegskosten wurden auf 140 Millionen Franken, wovon später nur zwanzig Millionen nachgelassen wurden, festgesetzt, die drei Hauptfestungen des Landes, Stettin, Küstrin und Glogau, blieben in den Händen der Feinde; Preußen durfte nur ein Heer von 42000 Mann unterhalten und keine Landwehr aufstellen. Zudem sollte das unglückliche Land im Falle eines Krieges mit Österreich Napoleon mit 12000 Mann Heerfolge leisten. Das einzige, was durch diese furchtbaren Opfer erreicht werden sollte, war die Räumung des Landes bis auf die genannten Festungen von französischen Truppen.

So war Preußens Lage während der Zeit, in der Stein sein Reformwerk im Innern begann und mächtig förderte. Schon hier sei bemerkt, daß Stein in der kurzen Zeit, die ihm das Schicksal bemessen, nicht alles, was er durchsehen wollte, erreicht hatte; aber die grundlegenden Gedanken, die von ihm ausgingen und die er zum guten Teil auch noch in Taten umzusetzen vermochte, sind fruchtbar geblieben auch für die spätere Zeit, und wenn man bei der Ausführung auch hier und da andere Wege einschlug, als Stein beabsichtigt hatte, so ändert das nichts an der Tatsache, daß der eigentliche Wiederhersteller der Großmachtstellung Preußens nach dem Zusammenbruch von 1806 und 1807 kein anderer gewesen ist als unser Stein.

Als Stein im Herbst 1807 in Memel zur Übernahme der Geschäfte eintrat, nahm er sofort seine alten Pläne zur Umgestaltung der höheren Staatsbehörden wieder auf. Stein war in der Zwischenzeit in Nassau nicht müßig gewesen, er hatte dort eine Denkschrift über die neu zu gestaltende Verfassung des Staatswesens geschrieben, die zu den großartigsten Urkunden seines Geistes gehörte. Stein ließ jetzt auf Grund jener Nassauer Denkschrift einen genauen Plan über die beabsichtigte Reform entwerfen und unterbreitete diesen dem König. Wir wissen, worauf es Stein zunächst hauptsächlich ankam, auf die Beseitigung des unheilvollen Kabinetts des Königs, in dem untergeordnete Persönlichkeiten unter dem Scheine, als sei alles, was sie taten, lediglich ein Werk des Königs selbst, über die Köpfe der Minister hinweg den entscheidenden Einfluß auf die Staatsgeschäfte ausübten. Der König war den Wünschen Steins diesmal zunächst nicht abgeneigt; aber wiederum stand die Person Beymes zwischen dem Monarchen und seinem leitenden Minister. Abermals gab es trübe Stunden und schwere Kämpfe; ja, es schien einen Augenblick, als sollte Stein zum zweiten Mal allzuschnell aus seiner Stellung weichen müssen. Es ist ein unsterbliches Verdienst der Königin Luise, damals zur rechten Stunde das rechte Wort gesprochen zu haben. Sie schrieb an Stein:

„Ich beschwöre Sie, haben Sie nur Geduld mit den ersten Monaten; der König hält gewiß sein Wort, Beyme kommt weg, aber erst in Berlin. Solange geben Sie nach. Daß um Gottes willen das Gute nicht um drei Monate Geduld und Zeit über den Haufen falle. Ich beschwöre Sie um König, Vaterland, meiner Kinder, meiner selbst willen darum. Geduld! Luise."

Diese Bitte der edeln Königin fiel bei Stein auf fruchtbaren Boden. Er faßte sich in Geduld und verschob vorläufig seine Pläne in dieser Richtung; indes wurde das Kabinett später doch aufgehoben, und im Juni des folgenden Jahres wurde Beyme beseitigt. Stein hat sich durch diese Tat nicht nur um den Staat, sondern in erster Linie um das preußische Königtum selbst ein bleibendes Verdienst erworben. Es war ein Unsegen gerade für die Monarchen seit Friedrich dem Großen gewesen, daß die Staatseinrichtung eine Geschäftslast auf ihre Schultern legte, die die Kräfte eines einzelnen nimmermehr bewältigen konnten. So war der König in eine Stellung gedrängt, deren innere Unwahrhaftigkeit vom schwersten Übel war. Als Wille des Königs galt vielfach, was nur der Wille untergeordneter und unverantwortlicher Kreaturen war. Dieser falsche Schein wurde jetzt beseitigt. Die Minister sollten nach Steins Willen die Verantwortlichkeit für ihre Geschäftsleitung offen übernehmen, sie sollten handeln in engster Fühlung mit dem Monarchen, ohne daß deshalb jede einzelne ihrer Handlungen fälschlich als rein persönliches Werk des Königs erschienen wäre. Ferner wirkte Stein darauf hin, daß die Minister untereinander in steter Berührung bleiben und alle wesentlichen Angelegenheiten gemeinsam miteinander beraten sollten. Steins Wünsche in dieser Richtung gingen noch weiter, er verlangte die Einrichtung eines Staatsrates, der eine Einheit der gesamten höheren Staatsgeschäfte verbürgen sollte. Den Vorsitz in diesem Staatsrat sollte der König führen, Mitglieder sollten außer den Ministern die königlichen Prinzen und die Leiter einzelner Verwaltungsabteilungen sein. Zudem dachte Stein noch an die Berufung einer Anzahl einsichtiger, nicht beamteter Männer in den Staatsrat, und er selbst hat in der Zeit, als seine Entlassung notwendig wurde, gehofft, in dieser Form der Verwaltung auch ohne formelles Amt noch weiter nützlich sein zu können. Wenn auch der Staatsrat niemals ins Leben getreten ist, so erreichte Stein doch wenigstens so viel, daß die Einheitlichkeit des Gesamtministeriums erzielt und namentlich das schädliche Nebeneinander und Gegeneinander der Provinzialminister und der Fachminister beseitigt wurde. Zugleich sollte die Verwaltung der Regierungsbezirke und der Provinzen neugestaltet werden, und hier haben die Steinschen Vorschläge den Sieg behauptet. Noch die heutigen Zustände sind in allem wesentlichen dieselben, die von Stein angeregt und wenigstens teilweise noch von ihm selbst herbeigeführt wurden.

Aber so hoch man die Verdienste Steins auf diesem Gebiete auch anschlagen mag, sie sind verschwindend gegen die mächtige Neubelebung des Bürgersinns und der bürgerlichen Tüchtigkeit, die Stein durch eine Reihe von Reformen anderer Art herbeizuführen wußte. Ein staatsmännischer Grundgedanke, von dem Stein fest durchdrungen war und den er sowohl durch die Geschichte des englischen Volkes, wie auch in seiner bisherigen praktischen Verwaltungstätigkeit immer wieder bestätigt gefunden hatte, war der, daß das Bürgertum um so tüchtiger und vaterlandsliebender, daß die Verwaltung um so trefflicher und praktischer sei, je mehr der Bürger selbst zur Mitwirkung und Mitbestimmung in den Angelegenheiten seiner Gemeinde herangezogen wird. Von einer Verwaltung, die ausschließlich in den Händen des Beamtentums lag, hatte Stein sehr geringe Begriffe. Bei den verschiedensten Anlässen hat er sich stets aufs schärfste gegen das ausgesprochen, was wir heute noch unter Bureaukratie verstehen: „die Herrschaft des grünen Tisches, die Verwaltung nach festgesetzten Schemen und Formeln, der die Kenntnis des praktischen Lebens und das lebendige Interesse an den tatsächlichen Verhältnissen abgeht." Noch in seinen späteren Lebensjahren äußert sich Stein gegen diese Art der Verwaltung mit großer Heftigkeit. „Das Regiment der Bureaukraten", so ungefähr schrieb er im Jahre 1821 an den Freiherrn von Gagern, „geht solange es geht." Diese buchgelehrten, interesselosen und ein Eigentum nicht besitzenden Leute ständen mit keiner der den Staat ausmachenden Bürgerklassen in Verbindung. Sie seien eine Kaste für sich, die Schreiberkaste. Die Bewegungen des Eigentums träfen sie nicht; es regne, oder die Sonne scheine, die Abgaben seien hoch oder niedrig, man zerstöre alte hergebrachte Rechte, oder lasse sie bestehen, alles das kämmen sie nicht. Sie erheben ihren Gehalt aus der Staatskasse und schreiben, schreiben, schreiben in der Stille ihres mit wohlverschlossenen Türen versehenen Bureaus. – Diese Bureaukratie wollte Stein, wo es irgend anging, durch den gesunden Bürgersinn ersetzen, indem er das Bürgertum mit denjenigen Befugnissen ausstattete, deren es bedurfte, um seine Angelegenheiten im wesentlichen selbst zu verwalten. Am vollkommensten ist dies Stein gelungen durch den Erlaß seiner Städteordnung vom 19. November 1808.

Wir haben schon oben darauf hingewiesen, wie bis dahin die Bürgerschaft der Städte nur einen verschwindenden Anteil an der Bestimmung der Gemeindeangelegenheiten hatte. Alte Invaliden hatten zumeist die Magistratsämter inne. Sie führten die Befehle ihrer vorgesetzten Behörden aus und waren ebenso devot nach oben wie herrisch nach unten. Eine ganze Anzahl von

Städten, die sogenannten „mittelbaren Städte", waren sogar der Herrschaft ihres Patrons, d. h. dieses oder jenes Gutsherrn, unterworfen. Die Garnisonstädte andererseits standen unter der Botmäßigkeit der Garnisonschefs, und an solchen Orten war es unter Umständen schwer, jemanden zur Übernahme eines Amtes im städtischen Magistrat zu bewegen, da der Bürgermeister und seine Beigeordneten nur gar zu oft grobe Vorwürfe, ja selbst Mißhandlungen seitens des militärischen Platzkommandanten zu erdulden hatten. Die neue Städteordnung schaffte in allen diesen Dingen Wandel von Grund aus. Das Recht zur Verwaltung des städtischen Gemeinwesens wurde dem gesamten Bürgertum übertragen. Dieses wählte mit einer Freiheit, die später erheblich eingeschränkt worden ist, die Stadtverordneten, und diese wiederum den Magistrat. Der Magistrat war – und auch das ist später geändert worden – keineswegs gleichberechtigt mit der Stadtverordnetenversammlung. Er hatte auszuführen, was die Stadtverordneten beschlossen. Dem Staate war selbstverständlich ein Aufsichtsrecht, sowie auch das Recht zur Bestätigung der Magistratspersonen vorbehalten; aber Stein war in der Beschränkung der Staatsgewalt so weit gegangen, als es ihm irgend tunlich erschien.

Die Städteordnung ist neben der Bauernbefreiung dasjenige Werk Steins, durch das er zur Kräftigung des Staatswesens und zur Vorbereitung der Befreiungskriege am meisten beigetragen hat. Mächtig belebte sich das Selbstgefühl, der Stolz und damit zugleich die Opferfreudigkeit und der Vaterlandssinn in den preußischen Städten. Das Interesse an den öffentlichen Angelegenheiten wuchs infolge der Beteiligung an der Stadtverwaltung weit über diesen Rahmen hinaus. Die freien Bürger, die jetzt die Herren über das Schicksal ihres engern Gemeinwesens waren, fühlten sich in ganz anderem Maße als Bürger auch des großen Vaterlandes wie bisher. Namentlich segensreich erwies sich die Einführung der unbesoldeten Stadtämter. Ein edler, bis dahin unbekannter Ehrgeiz regte sich unter den tüchtigeren Bürgern, durch werttätige Hingabe an die öffentlichen Interessen von ihren Mitbürgern der Auszeichnung für würdig erachtet zu werden, als Stadträte oder Ratsherren an die Spitze der Verwaltung berufen zu werden. Seit Beginn des Dreißigjährigen Krieges war es mit dem Städtewesen in Preußen abwärts gegangen. Durch die Reform unseres Stein begann die Zeit neuen Aufschwunges und neuer Blüte.

Zugleich war Stein bemüht, dem Handwerk einen neuen Boden zu bereiten, indem er den Anfang damit machte, den bestehenden Zunftzwang aufzuheben, der für die im Besitz befindlichen Handwerksmeister zwar vorteilhaft war, dem Fortkommen derjenigen aber, die erst Meister werden wollten, namentlich infolge der Eigensucht der bevor-rechteten Zunftmeister vielfach unüberwindliche Hindernisse entgegenstellte. So wurde durch die Aufhebung des Mühlenzwanges die Erbauung neuer Mühlen ermöglicht, und so wurde durch die Beseitigung des Zunftzwanges und der Verkaufsvorrechte im Bäcker-, Schlächter- und Hökergewerbe Raum für neue Handwerksmeister in diesen Gewerben geschaffen. Auch die Beseitigung der Zwangsgesetze gegen die Juden bereitete Stein vor, weil er der Überzeugung war, daß die Ausnahmegesetze, unter denen die Juden standen, nicht nur den Juden selbst, sondern auch dem Gemeinwesen, in dem sie lebten, zum Schaden gereichten.

Wenn es bei der Städteordnung darauf angekommen war, geistig und wirtschaftlich tüchtigen Bevölkerungsklassen eine Stellung im Gemeinwesen einzuräumen, die solchen Eigenschaften gebührte, und sie andererseits zu fördern versprach, so handelte es sich bei der Fürsorge, die Stein der ländlichen Bevölkerung zuwandte, um nichts Geringeres, als einem ganzen großen, für den Staat überaus wichtigen Stande, dem der Bauern, die Möglichkeit eines menschenwürdigen Daseins zu schaffen.

Die Lage der Bauern war seit dem Ausgange des Mittelalters die denkbar traurigste und gedrückteste geworden. Der Übermacht der adligen Gutsherren war es gelungen, den Bauernstand - alle ländlichen Arbeiter waren Bauern - in die Leibeigenschaft hinabzudrücken, und auf den königlichen Domänen hatte dieselbe Entwickelung Platz gegriffen. Die preußischen Könige freilich waren von jeher bemüht gewesen, diesen unwürdigen Zustand zu beseitigen. Aber weder der kraftvollen Regierung Friedrich Wilhelms I., noch selbst Friedrich dem Großen war es gelungen, jenes Ziel zu erreichen. Zwar hatte der große König die schlimmste Form der Abhängigkeit, die Leibeigenschaft, aufgehoben; aber eine wahrhafte Befreiung der Bauern war ihm, dem zähen Widerstand des Adels gegenüber, durchzusetzen nicht möglich gewesen. So hatte Friedrich Wilhelm III. die Bauern in dem Zustande der Eigenbehörigkeit vorgefunden. Die Bauern besaßen kein rechtes Eigentum an Grund und Boden. Der Gutsherr konnte sie von ihrem Hofe wegjagen, wenn es ihm so beliebte. Und selbst wenn die Bauern Erbpächter waren, so hatte der Gutsherr zu bestimmen, welcher der Söhne nach dem Tode des Vaters den Hof übernehmen sollte. Die Bauern waren außerdem zu schweren Fronenarbeiten, zu Hand- und Spanndiensten verpflichtet, und ihrem harten Schicksal konnten sie sich in keiner

Weise entziehen; denn ohne Erlaubnis ihres Herrn durfte niemand die Scholle verlassen. Die Söhne und Töchter der Bauern mußten in den Gesindedienst am Gutshofe eintreten. Wollte jemand außerhalb des Machtbereiches des Gutsherrn Arbeit suchen, so bedurfte er dazu nicht nur einer Erlaubnis, sondern er mußte auch eine Entschädigung dafür zahlen. Die Bauernburschen durften kein Gewerbe erlernen, es sei denn mit Genehmigung des Gutsherrn; sie wie die Bauernmägde durften nicht heiraten, wenn nicht der Gutsherr, der auch zugleich Recht über sie sprach und so jede Gewalt über sie hatte, es erlaubte. So bestand denn tatsächlich ein Zustand, der der Leibeigenschaft verzweifelt ähnlich sah, und man wird sich vorstellen können, auf einem wie tiefen sittlichen, geistigen und wirtschaftlichen Standpunkt die Bauern, welche mehr als zwei Drittel der Bevölkerung ausmachten, damals standen. Welches Interesse hatten sie in ihrem elenden Dasein an dem Blühen und Gedeihen ihres Hofes, da sie vielfach noch nicht einmal wußten, ob sie ihn morgen noch bewirtschaften würden, da sie in sehr vielen Fällen ferner nicht gewiß waren, welchen ihrer Söhne der Gutsherr zu ihrem Rechtsnachfolger machen würde, und sie endlich nur gar zu oft darauf gefaßt sein mußten, daß die von ihnen gepflegte Wirtschaft in gänzlich fremde Hände überginge.

Der menschenfreundliche Sinn Friedrich Wilhelms III. hatte auf diese argen Mißstände von Anfang an sein Augenmerk gerichtet, er hatte bereits die Lage der Bauern auf den königlichen Domänengütern erheblich verbessert, und weitere Reformen waren schon in Aussicht genommen, als Stein zum zweiten Mal in die Regierung eintrat. Mit wahrem Feuereifer nahm er diese Pläne auf. Kannte er doch von Jugend auf ländliche Verhältnisse aufs genaueste, und hatte er doch die Aufgaben, die hier zu lösen waren, während seiner ganzen bisherigen staatsamtlichen Tätigkeit aufs eingehendste studiert. So erschien denn das berühmte Gesetz über die Befreiung des Bauernstandes vom 28. Oktober 1807, in dem der entscheidende Satz ausgesprochen wurde: „Mit dem Martinitage 1810 hört alle Gutsunterthänigkeit in unsern sämtlichen Staaten auf. Nach dem Martinitage 1810 giebt es nur ‚freie Leute'."

Dieses selbe Gesetz legte aber auch noch in anderer Beziehung Bresche in die noch bestehenden Reste des mittelalterlichen Ständestaats. Bisher hatten, von besonderen Genehmigungen abgesehen, adlige Güter nur Adlige, bürgerliche Güter nur Bürgerliche erwerben dürfen, während die Bauern Bauern blieben. Auch dieser Zustand wurde aufgehoben. Die erste Bestimmung des Gesetzes lautete, daß jeder Einwohner des preußischen Staates ohne alle Einschränkung Grundstücke aller Art zu erwerben berechtigt sei. Der Edelmann durfte nunmehr auch bürgerliche und bäuerliche Güter, der Bürger und Bauer ohne Unterschied auch adlige Güter erwerben. Wäre eine solche Reform unter allen Umständen von höchstem Segen gewesen, so zeigte sich ihre befruchtende Wirkung gerade damals, wo die Landwirtschaft infolge des Krieges aufs schwerste daniederlag und der Wert der Güter bis auf die Hälfte heruntergesunken war, in doppeltem Maße. Da die bisherigen engen Schranken für die Verkäuflichkeit der Güter gefallen waren, so mehrte sich die Zahl der Käufer, und die Preise hoben sich wiederum. Ein frischer Wettbewerb begann, der Bauernstand gewann allmählich eine ganz andere Stellung, und damit wuchs zugleich auch die Wehrkraft des Staates. Denn wie in den Städten die Städteordnung Steins den vaterländischen Sinn belebt hatte, so war nunmehr auch der Bauer in ganz anderem Maße bereit, sein Blut für einen Staat hinzugeben, der ihn zu einem freien Manne mit eigenem, ihm unbestritten gehörigen Gute gemacht hatte.

Wenn Stein so bemüht war, ein tüchtiges Bürgertum in Stadt und Land zu schaffen, das geeignet war, im gegebenen Augenblick auf das Gebot des Königs sich zu erheben und die Fremdherrschaft abzuschütteln, so wußte er wohl, daß ein tüchtiges Heerwesen die Voraussetzung war, um diese Kräfte in rechter Weise zur Verteidigung des Vaterlandes zu verwerten. Also auch die Armee mußte umgestaltet werden. Wenn die Neuschaffung des preußischen Heeres, seine Umwandlung aus einem Söldnerheere in ein wehrhaftes Bürgerheer, auch nicht Steins eigenstes Werk ist, sondern hier der Lorbeer Scharnhorst gebührt, so hat doch Stein die Scharnhorstschen Pläne mit aller Kraft unterstützt. und sie durchzusetzen ganz besonders mitgeholfen. Auch hier in der Armee handelte es sich darum, halb mittelalterliche Zustände durch neuzeitliche zu ersetzen.

Dabei hatte man mit der besonderen Schwierigkeit zu kämpfen, daß im Tilsiter Frieden, wie wir gesehen haben, dem preußischen Staate von Napoleon die Bedingung auferlegt war, nicht mehr als nur 42000 Soldaten zu halten. Mit einer so geringen Truppenmacht freilich hätte Preußen Napoleon niemals einen ernstlichen Widerstand leisten können. Es handelte sich also darum, hier einen Ausweg zu finden, der es ermöglichte, die Wehrkraft des Landes zu stärken, ohne durch Verletzung des Tilsiter Friedens dem rücksichtslosen Eroberers Gelegenheit zu neuen Gewalttaten zu geben. Hier wußte Scharnhorst Rat durch Einführung des sogenannten „Krümpersystems". Dieses bestand darin, daß man die Mannschaften nur für kürzere Zeit zu der Fahne einberief, sie schnell ausexerzierte und dann entließ, um neue Rekruten einzustellen und diese wiederum in aller Eile kriegstüchtig zu machen. Auf solche Weise gelang es, jene Bestimmung, mit der Napoleon die militärische Widerstandskraft Preußens zu lähmen gemeint hatte, zu umgehen und die Befreiung des Vaterlandes vorzubereiten. Freilich mußten andere Reformen mit dieser Maßnahme Hand in Hand gehen, um das Ideal Scharnhorsts und Steins, „ein Volk in Waffen", zu erreichen.

Die geworbenen Söldlinge, aus denen bis dahin das preußische Heer mit Ausnahme der Offiziere bestanden hatte, waren rohe, unzuverlässige Gesellen gewesen; gut gedrillt zwar, auch tapfere Draufgänger in der Schlacht, aber im übrigen meist ohne patriotische Empfindung, und geneigt, davonzulaufen, um Kriegsdienste bei einem anderen Staate zu suchen. Fortgesetzt mußten sie im Frieden streng bewacht werden, um das Desertieren zu verhindern. Patrouillen zogen von Quartier zu Quartier, um sich mit dem Rufe: „Noch da?" der in gleicher Weise beantwortet werden mußte, zu überzeugen, ob niemand entwichen wäre. Und doch waren Desertionen sehr häufig. Sobald in einem solchen Falle das Entlaufen eines Soldaten bekannt wurde, löste man einen Böllerschuß, der das Signal für die Bauern war, auf den Flüchtling zu fahnden. Sie besetzten schnell alle Wege, Flußübergänge und dergleichen und suchten, unterstützt von den nachsetzenden Garnisonssoldaten die Gegend sorgfältig ab, um den Deserteur einzufangen. Wehe dem Bauern, der bei dieser Pflicht lässig war, wehe aber vor allem dem Flüchtling, wenn er erwischt wurde. Das Spießrutenlaufen oder Gassenlaufen, wie man es nannte, war die gewöhnliche Strafe, die ihn traf. Die Mannschaften bildeten eine Gasse, erhielten scharfe Ruten, und nun wurde der Schuldige mit entblößtem Oberkörper langsam durch diese Reihe getrieben, indem vor ihm ein Unteroffizier rückwärts mit vorgehaltenem Spieß ging, und die Soldaten ihre Streiche austeilten und dabei den Spruch riefen:

„Warum bist Du fortgelaufen,
Darum mußt Du Gassenlaufen!"

Es wurde dabei von den Unteroffizieren genau acht gegeben, daß niemand etwa aus Mitleid den Straffälligen schaute. Schon nach dem ersten Gange war der Rücken des Unglücklichen völlig wund, und doch wurde die grausame Handlung mehrere Male hintereinander wiederholt. Damit sich die Delinquenten nicht vor Schmerz die Zunge abbissen, gab man ihnen Bleikugeln in den Mund. War die Prozedur vorbei, so wurde der Rücken der Bestraften mit Kalkwasser abgewaschen, und dabei schrien sie fürchterlich vor übergroßen Schmerzen. Viele starben an den schrecklichen Wunden, manche aber hielten auch mehrere solche Strafen aus, und waren wohl gar roh genug, sich hinterher dessen noch zu rühmen. – Daß die Offiziere ihre Leute mit der Fuchtelklinge prügelten, war etwas ganz gewöhnliches und bei der Roheit der wüsten Söldlinge auch kaum zu vermeiden.

So sah es damals im preußischen Heere aus. Das mußte anders werden ganz und gar. An Stelle der bloßen Furcht vor grausamen Strafen sollte nunmehr Ehrgefühl und Vaterlandsliebe der Stützpunkt der Disziplin in der Armee sein. Die Werbungen im Auslande wurden abgeschafft und eine allgemeine Wehrpflicht, wenn auch nicht eingeführt, so doch angebahnt. Das ausschließliche Vorrecht des Adels zur Besetzung der Offiziersstellen ward aufgehoben, und an den gesamten Offiziersstand wurden die Anforderungen höherer Bildung gestellt. Die körperlichen Strafen wurden überhaupt beseitigt, und damit wurde der Heeresdienst des entwürdigenden Charakters, den er bisher getragen, entkleidet. In Zukunft sollten alle Bürgersöhne, ohne einer entehrenden Behandlung gewärtig zu sein, als die berufenen Verteidiger des Vaterlandes in das neugeschaffene Volksheer eintreten können. Das war die Grundlage, auf welcher Scharnhorst und seine Mitarbeiter unter den denkbar schwierigsten Verhältnissen die Armee schufen, welche schon nach so erstaunlich kurzer Zeit die napoleonische Weltherrschaft in Trümmer schlagen sollte.

In größter Eile hatte Stein sein Reformwerk soweit wie immer nur möglich fördern müssen; denn als er noch mitten in der Arbeit war, als seine Pläne noch lange nicht ausgeführt waren, schwebte, wie wir oben gesehen, bereits seine abermalige Entlassung über seinem Haupte. Die Städteordnung wurde nur wenige Tage, und die Verordnung über die Einrichtung der oberen Staatsbehörden an demselben Tage von dem Könige unterzeichnet, an dem Stein, und diesmal für immer, aus dem preußischen Staatsdienst schied. Mit banger Sorge erfüllte Stein der Gedanke an das weitere Schicksal des von ihm begonnenen, aber noch längst nicht vollendeten Reformwerkes. Zwar wußte er, daß im Staatswesen tüchtige Männer zurückblieben, die in seinem Sinne weiterzuarbeiten versuchen würden, Männer wie der Minister von Schrötter, von Schön, Graf Dohna, von Vincke und Niebuhr, Scharnhorst, Gneisenau, Grollmann, Boyen und Klausewitz; aber er mochte es doch nicht unterlassen, namentlich den erstgenannten Männern noch in einem Rundschreiben, das nach seinem Entwurf von Schrötter ausgearbeitet war, sein „politisches Testament" zu hinterlassen. Es heißt darin: „Umstände, deren Darstellung es nicht bedarf, forderten meinen Austritt aus dem Dienste des Staates, für den ich lebe und für den ich leben werde. In der Verwaltung des Innern kam es darauf an, die Uneinigkeit, die im Volke stattfindet, aufzuheben, den Kampf der Stände unter sich, der uns unglücklich machte, zu vernichten, gesetzlich die Möglichkeit aufzustellen, daß jeder im Volke seine Kräfte frei in moralischer Richtung entwickeln könne, und auf solche Weise das Volk zu nötigen, König und Vaterland dergestalt zu lieben, daß es Gut und Leben ihnen gern zum Opfer bringe.

Mit Ihrem Beistande, meine Herren, ist vieles bereits geschehen. Der letzte Rest der Sklaverei, die Erbuntertänigkeit, ist vernichtet, und der unerschütterliche Pfeiler jedes Thrones, der Wille freier Menschen, ist gegründet. Das unbeschränkte Recht zum Erwerb des Grundeigentums ist proklamiert. Dem Volke ist die Befugnis, seine ersten Lebensbedürfnisse sich selbst zu bereiten, wiedergegeben. Die Städte sind mündig erklärt, und andere minder wichtige Bande, die nur einzelnen nähen und dadurch die Vaterlandsliebe lähmten, sind gelöset. Wird das, was bis jetzt geschah, mit Festigkeit aufrechterhalten, so sind nur wenige Hauptschritte noch übrig. Ich nehme mir die Freiheit, sie Ihnen einzeln aufzuzählen, nicht um Ihre Handlungen dadurch zu leiten; – denn Ihre Einsicht und Ihr Patriotismus bedürfen keiner Leitung –, sondern um Ihnen zur Beurteilung meiner Handlungen und Absichten einen Maßstab zu geben."

Stein schlägt dann als noch auszuführende Reform die Aufhebung der Gutsgerichtsbarkeit über die Bauern, sowie die Beseitigung der Gesindeordnung, als eines Überrestes der Erbuntertänigkeit, vor. Sodann kommt er auf jenen Gedanken zurück, der ihm immer als krönende Vollendung der Selbstverwaltung erschienen war, die Berufung von Vertretern der Nation zur Mitberatung der Staatsangelegenheiten.

Der höchsten Gewalt im Staate müsse ein Mittel gegeben werden, wodurch sie die Wünsche des Volkes kennen lernen und ihren Bestimmungen Leben geben kann. Dem Volke dürfe nicht alle Teilnahme an der Tätigkeit des Staates entzogen werden. Ferner hält Stein eine Reform des Abels für unerläßlich. Es sei ein ungesunder Zustand, daß zwischen dem Adel und dem Bürgerstande durchaus keine Verbindung herrsche. Die allgemeine Wehrpflicht müsse durchgeführt werden. Und damit auch der Bauernstand zu dem rechten Eifer in der Erfüllung der Pflichten gegen das Vaterland gelange und sein persönlicher Wert erhöht werde, müßten alle Frauen abgelöst und die uneingeschränkte Unabhängigkeit der Bauern hergestellt werden. Auch das Kirchen- und Schuldwesen sei verbesserungsfähig; einseitige Bildung solle vermieden und die bisher oft mit seichter Gleichgültigkeit vernachlässigten Triebe, auf denen die Würde des Menschen beruht, sorgfältig gepflegt werden, nämlich Liebe zu Gott, König und Vaterland.

So das politische Testament Steins. Die Mehrzahl seiner Wünsche ist später allmählich erfüllt worden, und fast überall da, wo die Staatsmänner der nächsten Jahre, namentlich der sonst so verdienstvolle Hardenberg, die Wege verließen, die Stein gewiesen, sind sie in die Irre gegangen.

STEIN IN DER VERBANNUNG UND BEI DEM ZAREN ALEXANDER VON RUßLAND

Stein begab sich zunächst nach Berlin, wo er nach langer Trennung seine Familie wiedersah; aber seines Bleibens sollte hier nicht lange sein. Am 16. Dezember 1808 hatte Napoleon gegen ihn ein Verbannungsurteil unterzeichnet, das kurz nach Neujahr in Berlin bekannt gegeben wurde. Die Achterklärung lautete:

„1. Der, Namens Stein, welcher Unruhen in Deutschland zu erregen sucht, ist zum Feinde Frankreichs erklärt.

2. Die Güter, welche der besagte Stein, sei es in Frankreich, sei es in den Ländern des Rheinbundes besitzen sollte, werden mit Beschlag belegt; der besagte Stein wird überall, wo er durch unsere oder unsern verbündete Truppen erreicht werden kann, persönlich zur Hast gebracht."

Nächtlicherweile mußte Stein flüchten und begab sich über Schlesien nach Österreich, wo er abwechselnd in Prag, in Brünn, wohin ihm auch seine Familie folgte, und in Troppau einen Zufluchtsort suchte und fand.

Den Verlust seiner Güter wußte Stein zu verschmerzen. Schon im Jahre 1808, als man nach dem Auffangen seines Briefes an Wittgenstein ihm gegenüber die Besorgnis geäußert hatte, daß Napoleon seine Güter einziehen werde, hatte er wegwerfend geäußert: „Glauben Sie, daß an dem Quark etwas gelegen ist, wo es auf das Vaterland ankommt?" Tiefer schon mochte ihn die Mißhandlung betrüben, die seine Lieblingsschwester Marianne, die Dechantin in einem Stift in Hessen war, durch napoleonische Schergen erfuhr. „Sie war", so erzählt Ernst Moritz Arndt, „ein ganz kleines, feines, etwas verwachsenes Persönchen, schon über sechzig Jahre alt, mit einem schneeweißen Köpfchen. Aber ihr Gesichtchen war leuchtend, und die schönsten blauen Augen funkelten als Sterne darin. Man möchte sagen, sie war ganz das Ebenbild ihres Bruders, des Ministers. Dasselbe Gesicht, dieselben Züge, nur alles feiner, kürzer, alles besonnener und milder, wie das Weib neben dem Manne sein soll; dieselbe Kürze und Gewandtheit der Rede, derselbe unbewußte Witz, fast noch mehr Geist."

Diese kleine schwächliche Dame wurde eines Tages unter dem lügnerischen Vorwand, sie hätte sich an dem hessischen Aufstand beteiligt, verhaftet und von französischen Soldaten und westfälischen Gendarmen nach Kassel geschleppt. Hier bestand sie ein scharfes Verhör, und als man nicht die geringste Spur einer Schuld fand, wurde sie auf mehrere Tage in ein Gefängnis für gemeine Verbrecher gebracht. Von Kassel reiste sie unter Begleitung von Gendarmen nach Mainz; zu Fuß oder durch Brigaden auf Leiterwagen oder mit der Post auf eigene Kosten, diese Wahl war ihr gelassen. Von hier schleppte man sie nach Paris. Ohne Bedienung, schwer bekümmert und körperlich leidend, mit ihrem Schicksale unbekannt, kam sie hier an, ward von einem Hospiz zum andern und endlich auf die Präfektur geschleppt. Dort blieb sie, bis es den dringenden und unermüdeten Vorstellungen ihrer Nichte, der Gräfin von Senfft, Gemahlin des sächsischen Gesandten, gelang, sie unter Aussicht eines deutschen Arztes zu stellen. Erst im Winter kehrte sie, durch die Aufregung in beständigem Fieber, nach Deutschland zurück.

Doch was verschlugen bei Stein alle solche Unbilden, die ihn und die Seinigen angingen, gegen den Schmerz, den er über das Schicksal des Vaterlandes empfand, und auf dessen Befreiung auch jetzt alle seine Gedanken gerichtet blieben. Als im Frühjahr 1809 der Krieg zwischen Österreich und Frankreich von neuem ausbrach, da loderte die Hoffnung in Stein gewaltig auf. Nunmehr, so wähnte er, sei der Augenblick gekommen, in dem der Volksaufstand, den er, wie wir wissen, schon früher im Auge gehabt, auch in

Preußen und im übrigen Deutschland losbrechen müßte. Er versuchte seinen Einfluß auf die leitenden Staatsmänner in Ostpreußen geltend zu machen, und seine Pläne waren bis ins Einzelne festgestellt. Aber seine Vorschläge wurden zurückgewiesen. Der König hielt an der Ansicht fest, daß nur in der Vereinigung mit Rußland die Möglichkeit zur Niederwerfung Napoleons geboten sein würde. Zudem widerstrebte dem König der Gedanke an eine ungeregelte Volkserhebung, deren Zügel der Regierung leicht aus der Hand gleiten konnten. Steins Herz andererseits erlabte sich an dem heldenmütigen Aufstand der Tiroler unter Andreas Hafer und an den Freischaren, die sich in Norddeutschland unter Schill, Dörnberg und Friedrich Wilhelm von Braunschweig bildeten. Nach dem Siege des Erzherzogs Karl bei Aspern und Eßlingen, der ersten Niederlage Napoleons, jubelte Stein auf; aber er ließ den Mut auch nicht sinken, als die Österreicher einundeinenhalben Monat später im Juli bei Wagram eine schwere Niederlage erlitten. Er hoffte, eine englische Landung in Norddeutschland sollte den Stützpunkt für den Volksaufstand darbieten; die deutschen und österreichischen Truppen sollten dieselbe Kokarde tragen, und ihr gemeinsamer Wahlspruch sollte lauten:

> „Wer Gott vertraut,
> Brav um sich haut,
> Dem wird es stets gelingen!"

Noch im August schreibt er an Schön: „Alles, was das Gute und Edle liebt, muß sich unter den österreichischen Fahnen sammeln und an dem Todeskampfe teilnehmen; unterliegt er,

> Macht und Güter gehört der Erde,
> Er ist ein Fremdling, er wandert aus
> Und sucht ein unvergänglich' Haus!"

Aber seine Mahnungen blieben vergeblich. Stein mußte es erleben, daß sich Österreich in dem Frieden zu Wien im Oktober Napoleon unterwarf, daß die Tochter des österreichischen Kaisers die Gemahlin Napoleons, und der brave Andreas Hofer trotzdem erschossen wurde. „Andreas Hofer", so schrieb Stein damals, „hat man ermorden lassen. Die Heirat, von der man so glänzende Erfolge erwartete, hat nicht einmal beitragen können, diesen braven, kräftigen Mann zu retten; er hat die Zahl der Blutzeugen der guten Sache vermehren müssen."

Tief betrübten ihn die Zustände in Preußen, ganz abgesehen davon, daß man nach Steins Ansicht sich die gebotene Gelegenheit zum Versuch der Befreiung hatte entgehen lassen. Die Reformen Steins kamen zum Stillstand, der gute Geist schien mit ihm aus Preußen gewichen, und die schwere Kümmernis, die über dem ganzen Lande lastete, fand einen bezeichnenden Ausdruck, als die Königsfamilie Weihnachten 1809 nach Berlin zurückkehrte. Arndt erzählt darüber als Augenzeuge: „Es waren mehr Augen naß vor Wehmut und Schmerz als vor Freude. Der schönen Königin sah man an den rotgeweinten Augen den tiefen Gram in der Wonne an. Denn wo waren die siegklatschenden Adler hingeflogen? Meine Augen suchten Scharnhorst, der blaß und verschlossenen Blickes und vornübergebeugt, sich von seinem Rosse unter anderen Generalen ruhig forttragen ließ."

Es war dies eine Zeit, in der Stein, der wahrlich nicht zu den Kleinmütigen gehörte, unmutsvoll an Preußens Beruf schier verzweifelte und seine Hoffnungen mehr auf Österreich setzte. Aber dennoch erlosch seine Liebe für den Staat, dem er seine beste Lebenskraft gewidmet, keineswegs. Tief erschütterte es ihn, als er die Nachricht von dem am 19. Juli 1810 erfolgten Tode der Königin Luise erhielt. In der ersten Erregung des Schmerzes wollte er dem König in einem Schreiben sein Mitgefühl ausdrücken. Bei ruhigerer Überlegung aber unterließ er diesen Schritt, von dem er fürchtete, daß er Mißdeutungen ausgesetzt sein könnte.

Im Juni 1810 hatte der König Hardenberg als Staatskanzler mit außerordentlicher Vollmacht an die Spitze der Regierung berufen, nachdem ihm das bisherige Ministerium Altenstein den schnöden Rat gegeben, Schlesien an Napoleon zu überlassen, um dessen dringende Geldforderungen zu beschwichtigen. Bei den nun folgenden kühnen Plänen Hardenbergs zur Aufbesserung der Finanzen des Staates, hatte Stein wiederholt Gelegenheit, den schwer sorgenden Staatsmännern mit seinem sachverständigen Rate zur Seite zu stehen. Er hatte sogar im September 1810 zu Hermsdorf im Riesengebirge eine Zusammenkunst mit Hardenberg, von dem er damals den besten Eindruck empfing. Dieses günstige Urteil Steins hat sich indessen bald gewandelt, und man kann wohl sagen, daß er später gegen Hardenberg vielfach ungerecht gewesen ist. Die Hoffnungslosigkeit Steins stieg damals so weit, daß er ernstlich daran dachte, Europa ganz den Rücken zu kehren und trotz seiner dreiundfünfzig Jahre jenseits des Ozeans ein neues Leben anzufangen.

Indes diese gedrückte Stimmung sollte bald dadurch verdrängt werden, daß sich Stein ein neues Gebiet der Tätigkeit zur Bekämpfung Napoleons darbot.

Man weiß, daß es in jener Zeit Offiziere gab, die von Land zu Land, von Armee zu Armee wanderten, wo es nur immer eine Gelegenheit gab, gegen Napoleon zu fechten. Ähnlich hat Stein als Staatsmann verschiedenen Staaten, immer in der alleinigen Absicht, auf die Vernichtung Napoleons hinzuwirken, seine Dienste gewidmet. Zuerst in Preußen, dann von Österreich aus, und jetzt rief ihn das Schicksal nach Rußland. Der Krieg zwischen Rußland und Napoleon stand bevor. Das Bündnis zwischen Preußen und Frankreich, in dem sich Ersteres verpflichtete, der französischen Armee mit 20000 Mann Heeresfolge zu leisten, war am 24. Februar 1812 abgeschlossen. Scharnhorst, Gneisenau und Boyen nahmen ihre Entlassung, und eine Reihe angesehener Offiziere, darunter Klausewitz, Dohna, Goltz und Lützow traten in russische Dienste über. Die Hoffnungen Europas und damit Deutschlands beruhten jetzt auf Rußland. Da konnte es Stein nur willkommen sein, wenn ihn der Zar in einem Schreiben, das am 19. Mai 1812 in seine Hände gelangte, aufforderte, ungesäumt zu ihm zu kommen.

„Die Achtung", so schrieb Alexander, „welche ich immer für Sie hegte, hat keine Änderung durch die Ereignisse erlitten, welche Sie von dem Steuer der Geschäfte entfernten. Es ist die Energie Ihres Charakters und Ihre ausnehmenden Talente, welche sie Ihnen erworben haben. Die entscheidenden Umstände des Augenblicks müssen alle wohldenkenden Wesen, Freunde der Humanität und der freisinnigen Ideen vereinigen. Es handelt sich darum, sie vor der Barbarei und Knechtschaft zu retten, die sie zu verschlingen bereit sind."

Stein folgte dem kaiserlichen Rufe sofort, und am 12. Juni traf er in Wilna bei dem Zaren ein. Stein trat nicht eigentlich in russische Dienste, er sollte als freier Mann den Zaren in dem bevorstehenden Kampfe mit Rat und Tat unterstützen, und seine nächste Aufgabe war die Bildung einer deutschen Legion, in der sich alle diejenigen sammeln sollten, die außerhalb ihres Vaterlandes gegen Napoleon zu fechten entschlossen waren.

Indessen hatte Napoleon seine Rüstungen vollendet, er hatte die größte Armee gesammelt, die bisher unter ihm gefochten. Eine halbe Million Soldaten, aus den verschiedensten Ländern zusammengelesen, standen unter seinem Befehl. Napoleon dünkte sich bereits der Herr des europäischen Festlandes, und immer ungeheuerlicher wurde die Kühnheit seiner Pläne. „Wen Gott verderben will, den verblendet er", so lautet das Sprichwort, und grenzenlos war auch die Verblendung Napoleons. Er hatte keine Ahnung davon, daß das ganze Gebäude seiner Macht auf tönernen Füßen stand. Er gedachte Rußland niederzuwerfen wie bisher alle seine Gegner, und dann sollte ihn der Siegeslauf weiterführen durch Asien bis nach Indien, wo er England, dem er zur See nicht beizukommen vermochte, niederwerfen zu können vermeinte. Der Anfang des Krieges schien seine stolzen Träume in der Tat zur Wahrheit machen zu wollen, bis der jähe Umschlag erfolgte.

Die russischen Rüstungen waren den Streitkräften Napoleons gegenüber schwach genug, und schon am 14. September hielt der Imperator seinen Einzug in Moskau. Da ging die Hauptstadt der Zaren, von den Russen selbst angezündet, in Flammen auf. Der Wendepunkt in dem Schicksal Napoleons war damit eingetreten. Am Petersburger Hofe freilich wurde dieses Ereignis nicht sofort als ein glückverheißendes aufgefaßt. Angst und Schrecken ergriffen die Hofgesellschaft bei dieser überraschenden Kunde. Kaiser Alexander war nichts weniger als ein Mann von Ausdauer und festem Willen. Es unterliegt keinem Zweifel, daß die Anwesenheit Steins und dessen Entschlossenheit und Unbeugsamkeit von großer Wirkung auf den Zaren gewesen ist. Ohne Steins Einfluß wäre die Fortführung des Krieges durch Rußland, auch als Napoleon den Rückzug antreten mußte, als sein Heer von Hunger und Frost fast aufgerieben war, und als die Katastrophe an der Beresina eintrat, so energisch und ausdauernd nicht betrieben worden.

Über die Wirksamkeit Steins in Rußland hat uns Ernst Moritz Arndt, der damals sein vertrauter Gehilfe war, sehr wertvolle Aufzeichnungen hinterlassen, in denen viele Züge des großen Mannes aufbewahrt find, die uns dessen Persönlichkeit anschaulich vergegenwärtigen.

Nicht nur die Bildung der deutschen Legion ließ sich Stein während seines Aufenthalts in Rußland angelegen sein, sondern er nahm auch seinen alten Plan der Erregung eines Volksaufstandes wieder auf. Der Versuch der Durchführung dieser Aufgabe, der keineswegs den erwünschten Erfolg hatte, erforderte viel schwierige Arbeit, und außerdem mußte Stein den Blick fest gerichtet halten auf alle politischen Vorgänge, um ein wohlunterrichteter Ratgeber des Zaren zu sein.

Ernst Moritz Arndt diente ihm dabei als eine Art von Privatsekretär; er war am 12. August bei Stein in Petersburg eingetroffen. Arndt stellte sich mit der vollen Begeisterung, die er für den großen Mann empfand, in dessen Dienste, und er entwirft von seinem Äußeren und seiner Persönlichkeit folgendes Bild:

„Stein war mittlerer Größe, den Kurzen (er war ein rechter Kurzbold) und Gedrungenen näher als den Hohen und Schlanken, der Leib stark und mit breiten, deutschen Schultern, Beine und Schenkel wohlgerundet, die Füße mit scharfem Rist, alles zugleich stark und sein, wie von altem Geschlecht, dessen er war; seine Stellung wie sein Schritt fest und gleich. Auf diesem Leibe ruhte ein starkes Haupt, eine breite, sehr zurücktretende Stirn; seine Nase eine mächtige Adlernase, unter ihr ein feingeschlossener Mund und ein

Kinn, das wirklich ein wenig zu lang und zu spitz war..... Das braune Auge Steins war kleiner und schärfer als das von Goethe, funkelte mehr, als es leuchtete. In der Regel sprach dies Auge freundlich und treu. Aber wenn der Mann in sehr ernster, oder gar wenn er in zorniger Stimmung war, konnte es auch fürchterlich blitzen. Das war das Besondere bei dem edeln Ritter, daß sich auch bei der heftigsten Seelenbewegung auf seinem Gesichte gleichsam zwei verschiedene Menschen wiederspiegelten. Seine Stirn, meistens auch sein Blick wurde von dem Nebelgewölk des Verdrusses oder vollends von den düsteren Donnergewölken des Zornes selten überzogen; dort leuchtete fast immer der klare heitere Olymp eines herrschenden bewußten Geistes; unten aber, um Wange, Mund und Kinn, zuckten die heftigen, empörten Triebe, die wohl an einen Löwengrimm mahnen konnten."

Stein selbst klagte zuweilen, daß sein Jähzorn mit ihm durchgehe. Auch gegen Arndt wurde er manchmal hart, ohne daß das Verhältnis zwischen beiden jemals ernstlich getrübt worden wäre. Als er einmal gegen Arndt zornig und auch wohl ungerecht gewesen war, gab er ihm bald darauf wieder gute Worte und strich ihm dabei freundlich über die Wangen. „Das war", so fährt Arndt fort, „so seine Art Liebkosung; wenn die allerfreundlichste Freundlichkeit aus seinem Herzen quoll, küßte er einem den Kopf herüberholend auf die Stirn."

Die Arbeit Arndts war keine leichte. Stein pflegte, wie er es auch während seiner Ministerschaft getan, seine großen entscheidenden Gedanken in abgerissenen Worten und Sätzen mit schwer leserlicher Handschrift auf das Papier zu werfen, indem er die Ausführung alsdann seinen tüchtigsten Mitarbeitern überließ. „Bei dem Entziffern und Ausarbeiten solcher Entwürfe", so erzählt Arndt, „hat mir oft der Kopf gemacht, was dann freilich durch den freundlichsten Blick und das wiederholte Streicheln des edeln Mannes über meine Wange auf das reichlichste belohnt ward."

Seiner Natur gemäß war Steins Sprache und Rede fest geschlossen, und kurz floß es ihm von den Lippen; „geradaus und gerade durch!" war sein Wahlspruch. Er hatte eine ausgesprochene Vorliebe für ein kurzes, gerades Wesen. Nach seinem eigenen Ausspruch mochte er die Wortschnitzler nicht, die weitschweifigen Umwickler, Entwickler und Auswickler der Dinge; die hauten, wie er meinte, meist in die Lust, statt die Sache zu treffen.

Arndt erzählt zur Beglaubigung dieses Charakterzuges Steine folgendes Geschichtchen: Stein hatte ein Vorurteil gegen den Major Stülpnagel, mit dem er in Petersburg in patriotischen Angelegenheiten viel zu tun hatte. Und wenn Arndt ein gutes Wort für den Major einlegen wollte, so erwiderte Stein wohl: „Gehen Sie mir mit Ihrem

Stülpnagel, das ist ein Bücklingmacher." Da riet Arndt nun dem Major einmal, er möge sich Mut fassen, und wenn Stein grob werde, ihm nichts schuldig bleiben. Stülpnagel befolgte den Rat, und siehe da, das half. Als Arndt eines Morgens zu Stein kam, sagte dieser: „Sie hatten nicht ganz unrecht, ich hatte mir den Stülpnagel doch falsch vorgestellt. Er ist doch so übel nicht; aber er sollte nur nicht so fein sein wollen und ein wenig mehr soldatisch auf die Menschen losgehen!"

Das war das Große an Stein, daß er in jedem Augenblick, nach Arndts Ausdruck, seine Geräte und Waffen immer fertig, sie ganz und voll immer bei sich trug.

So war er auch vielleicht der einzige, der bei der Kunde von dem Brande Moskaus, den man, wie erwähnt, in Petersburg keineswegs als ein glückbedeutendes Zeichen ansah, ruhig und gefaßt blieb. „Es kann sein", sagte er zu Arndt, „daß wir noch ein paar hundert Meilen weiter gen Osten, nach Kasan und Astrachan reisen müssen; ich habe mein Gepäck im Leben wie oft wohl drei-, viermal verloren, den Tod kann man doch nur einmal sterben. Heute Mittag wollen wir auf gutes Glück trinken."

Vor allem galt es, als das Schicksal dann über die Armee Napoleons hereingebrochen war, den Zaren zur Fortführung des Krieges nach Preußen hinein zu bewegen. In der Umgebung des Kaisers waren viele der Meinung, daß Rußland zu geschwächt sei und auf eine weitere Kriegsführung verzichten müsse. In einer ausführlichen Denkschrift legte Stein dem Zaren die Notwendigkeit einer Fortsetzung des Krieges dar, indem er dem ehrgeizigen Monarchen sehr geschickt die Rolle ausmalte, die dieser als Held und Befreier Europas bei glücklicher Fortsetzung des Krieges einnehmen würde. Stein drang durch, und als York, der Führer der Hilfstruppen, welche Preußen Napoleon hatte stellen müssen, sich in der Mühle zu Tauroggen am 30. Dezember 1812 von Napoleon auf eigene Verantwortung und auf die Gefahr seines Kopfes losgesagt hatte, da war die gute Sache im besten Gange. Die Russen rückten nach Ostpreußen ein, und nunmehr mußte der Volksaufstand in kurzem beginnen. An die im Volke ruhende Kraft hatte Stein einen unversiegbaren Glauben. Er war fest überzeugt, daß nur die Zerfahrenheit Deutschlands, die Eifersucht und der Kleinmut der Fürsten das Unglück über das Vaterland gebracht hatten. Für diese seine Überzeugung hatte er noch jüngst in Petersburg in sehr scharfer Weise Zeugnis abgelegt. Stein war eines Abends zu einem Familienfeste am Hofe eingeladen gewesen. Die Kaiserin-Mutter, eine geborene Prinzessin von Württemberg, die der russischen Friedenspartei treu ergeben war, hatte im Laufe des Gesprächs geäußert: „Fürwahr, wenn nun von

Stein weist die Zarin-Mutter, die das deutsche Volk schmäht, vor der Hofgesellschaft zurecht.

dem französischen Heere noch ein Mann über den Rhein kommt, werde ich mich schämen, eine Deutsche zu sein!"

Stein wechselte die Farbe, wobei seine Nasenspitze, wie das immer geschah, wenn er zornig wurde, kreideweiß ward, dann plötzlich sich erhebend brach er in die Worte aus: „Eure Majestät haben sehr unrecht, dies zu sagen und zwar hier vor den Russen zu sagen, welche den Deutschen so viel verdanken. Sie sollten nicht sagen, Sie werden sich der Deutschen schämen, sondern sollten Ihre Vettern nennen, die deutschen Fürsten. Ich habe in den Jahren 1792, 93, 94, 95, 96 und so weiter am Rhein gelebt; das brave deutsche Volk hatte nicht Schuld. Hätte man ihm vertraut, hätte man es zu brauchen verstanden, nie wäre ein Franzose über die Elbe, geschweige über die Weichsel und den Dnjepr gekommen!"

Die Kaiserin war anfangs überrascht, bestürzt über diese kräftige, derbdeutsche Antwort, faßte sich jedoch bald und erwiderte würdig: „Sie haben recht, Herr Baron, ich danke Ihnen für die Lektion!"

Die Befreiung des Vaterlandes

Das Vertrauen, das Stein auf das deutsche Volk gesetzt, sollte ihn nicht täuschen. Nun endlich war die große Stunde gekommen, und als schönster Lohn, als reichlichste Entschädigung für alle Arbeit und Mühe, die er getragen, für allen Kummer, den er durchlebt, für alle Opfer, die er gebracht, sollte er es nun aufs schönste verwirklicht sehen: die Befreiung Deutschlands durch das deutsche Volk. Freilich noch nicht sogleich. Als Stein auf Befehl Alexanders nach Ostpreußen kam, um im Auftrage des Zaren die Leitung der Provinz zu übernehmen und in ihr den Kampf gegen Napoleon zu fördern, fand er bei der dortigen Regierung ernste Schwierigkeiten, wie sie nicht gut ausbleiben konnten, da Ostpreußen doch eine Provinz des Königs war und nur dessen Befehlen zu gehorchen hatte. Die Regierung des Königs aber befand sich vorläufig noch in Berlin und stand unter französischem Einfluß. König Friedrich Wilhelm siedelte zwar am 22. Januar, an demselben Tage, an dem Stein in Königsberg ankam, nach Breslau über, um dort freiere Hand zu haben; aber auch von dort aus vermochte er das eigenmächtige Vorgehen Steins, in dem er einen Eingriff in seine landesherrlichen Rechte sah, nicht wohl zu billigen. Für Stein aber auf seinem Posten galt nur das Gesetz der Not. Denn fand der Zar in Preußen nicht diejenige Unterstützung, die er wünschte, wer vermochte bei dessen wankelmütigem Charakter dafür zu bürgen, daß er nicht alle guten Vorsätze wieder aufgab? Da war es nun ein Glück, daß der Patriotismus der Ostpreußen unserm Stein hell entgegenjubelte. Der einberufene Ständetag bewilligte sofort einmütig 13000 Mann sowie eine Landwehr von 20000 Mann. Stein verließ darauf, nachdem der Plan der Kriegsvorbereitungen entworfen, Königsberg, um sich nach Kalisch in das Hauptquartier des Zaren zu begeben, indem er das weitere getrost den bewährten Händen Yorks, Schöns und des Grafen Alexander zu Dohna überlassen durfte. Der König vermochte indes in Breslau auch jetzt einen entscheidenden Entschluß noch nicht zu fassen. Da bat Stein den Zaren, ihn mit einem bevollmächtigten russischen Unterhändler, dem Staatsrat von Anstett, zu dem Könige nach Breslau zu senden, um ein Schutz- und Trutzbündnis zwischen Rußland und Preußen abzuschließen. Schon vor seiner Abreise war Stein an der Gicht erkrankt; aber er ließ sich dadurch nicht zurückhalten, sondern traf mit Anstett am 25. Februar 1813 in Breslau ein. Unterwegs indes hatte sich sein Leiden so verschlimmert, daß er in Breslau sogleich das Bett aufsuchen mußte und zudem von dem Könige, der ihm wegen seines eigenmächtigen Vorgehens in Ostpreußen grollte, und von Hardenberg zunächst keine sehr freundliche Behandlung erfuhr.

Doch die Hauptsache gelang. Der deutschrussische Vertrag wurde schon zwei Tage später, am 27. Februar, unterzeichnet. Nun folgten sich die Ereignisse schnell. Am 10. März wurde der Orden des Eisernen Kreuzes gestiftet, am 16. März erklärte Preußen an Frankreich den Krieg, und am 17. März wurde der Aufruf des Königs „An mein Volk!" erlassen. Soviel Stein auch von der patriotischen Begeisterung Preußens allezeit erwartet hatte, so mochte doch der allgemeine Jubel und der grenzenlose Opfermut, den die Bevölkerung zeigte, seine kühnsten Hoffnungen übertreffen. Bis Ende März stellte Preußen bei einer Einwohnerzahl von nur 4 ½ Millionen Köpfen 110000 Mann auf, und dazu im April und Mai noch 170000 Mann Landwehr.

Der Anfang des Krieges war den Verbündeten nicht günstig. Bei Groß-Görschen am 2. Mai behauptete Napoleon die Obmacht und Scharnhorst wurde verwundet. Eine zweite Schlacht bei Bautzen zwang die Verbündeten zum Rückzug nach Schlesien, und am 4. Juni kam ein Waffenstillstand zustande, der der Ungeduld der Patrioten wenig entsprach. Stein mag es eine Genugtuung gewesen sein, daß Napoleon ihn noch immer mit seinem besonderen Hasse verfolgte. Unter dem 7. Mai brachte das amtliche Blatt Napoleons folgende Bekanntmachung: „Der berüchtigte Stein ist der Gegenstand der Verachtung aller ehrlichen Leute. Er wollte den Pöbel gegen die Eigentümer aufrühren. Man konnte sich nicht von dem Erstaunen erholen, wie Herrscher gleich dem Könige von Preußen und besonders der Kaiser Alexander, den die Natur mit so viel schönen Eigenschaften ausgestattet hat, ihre Namen zur Stütze ebenso verbrecherischer als gräßlicher Umtriebe hergeben können." Ähnlich hieß es in dem Bericht Napoleons über die Schlacht bei Bautzen: „Abends um 8 Uhr zog der Kaiser in Bautzen ein und ward von den Einwohnern und den Obrigkeiten mit den Gefühlen empfangen, welche Verbündete haben mußten, die glücklich sind, sich von den Stein, den Kotzebue und den Kosaken befreit zu finden."

Von Bautzen war Stein aufgebrochen, um nach Prag zu eilen, wohin ihn doppelte Sehnsucht trieb. Einmal weilten die Seinen dort, mit denen er hier zusammentraf, und dann fand er dort Scharnhorst auf seinem Krankenlager wieder, von dem der patriotische Held nicht mehr erstehen sollte. Trotz seiner Verwundung war der Wackere auf Wien zugeeilt, um dort für eine Vereinigung Österreichs mit Preußen und Rußland zu wirken.

Auf eine Botschaft Metternichs hin, die ihn kurz vor Wien traf, war er umgekehrt, um ohne Rücksicht auf seine Wunde nach Prag zurückzureisen. Hier trat eine gefährliche Wendung ein; er mußte sich niederlegen, sein Zustand verschlimmerte sich immer mehr, und am 28. Juni hauchte er seinen Geist aus. Den Tag der Freiheit für sein Vaterland sollte er nicht mehr erleben. Stein selbst konnte nicht bis zuletzt an dem Sterbelager des getreuen Strebensgenossen verbleiben, da ihn die Pflicht zurück in das Hauptquartier nach Reichenbach gerufen hatte. Die Nachricht von dem Tode Scharnhorsts erschütterte ihn tief; aber in dieser Zeit galt es vorwärts zu blicken, vor allem mußte der Anschluß Österreichs an die Verbündeten erwirkt werden, und dies gelang. Mit froher Zuversicht konnte nunmehr der gemeinsame Kampf Preußens, Rußlands und Österreichs begonnen werden, und diesmal leuchteten den Verbündeten glücklichere Sterne. Die Franzosen wurden bei Großbeeren und durch Blücher an der Katzbach glänzend geschlagen, und nach längerem Weiterringen erfolgte die entscheidende Niederlage Napoleons in der Völkerschlacht bei Leipzig vom 16. bis 19. Oktober. Stein wußte freilich wohl, daß zwar mit diesem Siege alles gewonnen war, was man vorderhand hoffen durfte, daß aber das Hauptziel des Krieges noch lange nicht erreicht sei. Als er am 20. Oktober in

Leipzig angekommen war und er auf dem Markte mit Gneisenau zusammentraf, da schwuren sie sich beide zu, daß dieser Krieg erst enden dürfe mit der Entthronung Napoleons. „Endlich, meine liebe Freundin", so schrieb Stein am 21. Oktober an seine Frau, „wagt man sich dem Gefühl des Glücks hinzugeben. Napoleon ist geschlagen, in unordentlicher Flucht; man trieb ihn auf das linke Rheinufer, und das österreichisch-bayrische Heer wird ihn noch vor seinem Übergange angreifen – das ist der Erfolg der blutigen und ruhmvollen Kämpfe des 14., 16. und 19. Oktobers. – Da liegt also das mit Blut und Thränen so vieler Millionen gekittete, durch die tollste und verruchteste Tyrannei aufgerichtete ungeheure Gebäude am Boden; von einem Ende Deutschlands bis zum andern wagt man es auszurufen, daß Napoleon ein Bösewicht und der Feind des menschlichen Geschlechtes ist, daß die schändlichen Fesseln, in denen er unser Vaterland hielt, zerbrochen, und die Schande, womit er uns bedeckte, in Strömen französischen Blutes abgewaschen ist."

Stein wurde nun in eine sehr verantwortliche Stellung berufen, indem man ihn an die Spitze eines Zentralverwaltungsrates stellte, der, mit großen Vollmachten ausgestattet, die Verwaltung derjenigen Länder übernehmen sollte, die mit Napoleon verbündet waren und jetzt in die Hände der Sieger fielen. Da das Heer der Verbündeten immer weiter nach Westen vorrückte, so wuchsen fortgesetzt die Aufgaben und damit auch die Machtvollkommenheit Steins. Er erschien damals vielen in Deutschland als der mächtigste unter allen, und in jener Zeit erst begriff man aller Orten die wahre Größe dieses Mannes. Es ist bezeichnend für die Stimmung, die sich in jener Zeit für Stein in Deutschland bildete, daß Offiziere der verbündeten Heere an einen kundigen Professor allen Ernstes die Frage richteten, ob es staatsrechtlich angängig sei, den Freiherrn vom Stein zum deutschen Kaiser zu wählen, eine Frage, die der Professor übrigens unbedingt bejahte. Daß Stein der würdigste sei, diese Krone zu tragen, darüber schien man einig zu sein.

Die Kriegsführung geriet indes vielfach ins Stocken, da der Kaiser von Österreich nicht gern die völlige Vernichtung Napoleons, der doch sein Schwiegersohn war, herbeiführen wollte, und auch sonst Mißhelligkeiten unter den Verbündeten herrschten. Stein hielt sich daher im Hauptquartier auf, um immer aufs Neue auf eine kräftige Fortsetzung des Krieges zu dringen. Als Blücher bei La Rothière im Verein mit dem österreichischen General Schwarzenberg Napoleon aufs Haupt geschlagen hatte, wurden die schwebenden Verhandlungen über einen Waffenstillstand zwar abgebrochen, bald darauf aber erfocht Napoleon wiederum einige Vorteile über die Truppen Blüchers, und dies entmutigte die Verbündeten so, daß sie jetzt trotz des Widerspruches Steins und seiner Gesinnungsgenossen, namentlich Gneisenaus, ernstlich an den Frieden dachten. Glücklicherweise wurde dies unselige Vorhaben durch die Verblendung Napoleons vereitelt, der, stolz auf seine letzten Waffenerfolge, die Annahme der ihm gestellten Bedingungen verweigerte. So nahm die Kriegführung ihren Fortgang. General Schwarzenberg siegte über das französische Corps Oudinots bei Arcis sur Aube, und hier war es, wo Prinz Wilhelm, der nachmalige Kaiser Wilhelm I., die Feuertaufe erhielt. An der Seite seines Vaters ritt er zum ersten Mal in die Schlacht und versah als siebzehnjähriger Jüngling mitten im Kugelregen kaltblütig seine Adjutantendienste. – Indessen war Blücher mit dem Preußen-Heere im Norden vorwärts gerückt und hatte sich mit Bülows Corps vereinigt. Bei Laon kam es zum Zusammenstoß mit Napoleon. Ohne Entscheidung wurde den ganzen Tag hindurch gekämpft; erst ein furchtbares Nachtgefecht brachte den Preußen den Sieg, und Napoleon mußte weichen. Noch einmal versuchte dieser in den nächsten Tagen alsdann eine letzte Rettung. Tollkühn wollte er das Heer der Verbündeten umgehen und im Rücken angreifen, aber auch dieser Versuch mißlang. Es folgte noch eine Reihe blutiger

Kämpfe um Paris. Napoleon erlag vollkommen, und am 31. März 1814 hielten die Verbündeten ihren Siegeseinzug in Paris. Napoleon hatte nicht einmal den Mut zu sterben; er entsagte seinem Thron und fügte sich in die Verbannung nach der Insel Elba.

Stein schrieb damals von Paris aus an seine Gemahlin:

„Paris, den 10. April.

Hier bin ich in Paris, seit gestern, dem Jahrestage meiner Ankunft in Dresden – welche Ereignisse seitdem, welcher Abgrund von Unglück, aus dem wir gerettet sind! Dank der Vorsehung, dem Kaiser Alexander und seinen tapferen Waffengefährten, Russen und Deutschen. Der Tyrann hat geendigt wie ein Feigling. Solange es nur darauf ankam, das Blut der andern zu vergießen, war er damit verschwenderisch; aber er wagt nicht zu sterben, um wenigstens mutig zu enden; er nimmt ein Gnadengehalt an, er kehrt in das Nichts zurück, er unterhandelt, um sein Leben zu behalten und ein schimpfliches Dasein zu verlängern. Man versichert, daß er seine Tage zubringt mit Weinen, mit Seufzen; welches Ungeheuer und welche Verächtlichkeit!

Napoleon hat am 9. gejagt. Er denkt nur an seine gewöhnlichen Genüsse. Derselbe Mangel an Geisteserhebung, der ihm die Flucht aus Rußland eingab, indem er sein Heer allen Greueln des

Hungers und der Kälte überließ, macht ihm jetzt ein schamvolles Dasein erträglich."

Am 30. Mai 1814 wurde der Friede zu Paris geschlossen. Deutschland und ganz Europa waren von dem napoleonischen Joche befreit, und Napoleon, der noch vor drei Jahren über die Fürsten und Länder geboten hatte, wurde nach der Insel Elba verbannt. Das Lebenswerk, das unserm Stein die Geschichte angewiesen, war damit der Hauptsache nach vollendet. Die gute Saat, die er in Preußen gestreut, sie konnte nun im Frieden gedeihen und der Ernte entgegenreifen. Es ist keine Frage, daß für Preußen und Deutschland die Zeit der Reise früher gekommen wäre, wenn sich die preußische Politik in den folgenden Jahren mehr in der Richtung bewegt hätte, die ihr Stein gewiesen. Am allersegensreichsten freilich wäre es gewesen, wenn Stein selbst wiederum an die Spitze der Regierung berufen worden wäre. Aber es hat nicht sein sollen. Die schöpferischste staatsmännische Kraft, über die Preußen verfügte, sie sollte für den Rest der Zeit abseits stehen von der Leitung der Staatsgeschäfte.

Noch einmal freilich sollte Stein mitten in dem Strudel der politischen Begebenheiten seine Tätigkeit entfalten; er, dem diplomatische Geschäfte stets ein Greuel gewesen, sollte auf dem Wiener Kongreß, wo es galt, die Napoleon abgejagte Beute zu teilen und die europäischen Verhältnisse zu ordnen, noch eine hervorragende Rolle spielen. Er erschien dort ohne amtliche Stellung als freier Ratgeber des Zaren Alexander von Rußland, während Preußen durch Hardenberg und Wilhelm von Humboldt vertreten war. Stein blieb indes trotz seiner Vertrauensstellung bei dem Zaren ein treuer Sohn des Vaterlandes und ließ sich die Förderung der deutschen Interessen und die Sache Preußens vor allem angelegen sein. Zwei Punkte waren es namentlich, auf die er sein Augenmerk richtete: die vollständige Entschädigung Preußens und die Begründung eines kräftigen, lebensfähigen deutschen Bundesstaates.

Preußen sollte im Osten von Polen weite Gebiete erhalten, auf die aber auch der Zur Anspruch machte, und ferner verlangte es das sächsische Gebiet für sich, während König Friedrich August von Sachsen, der bis zuletzt der Bundesgenosse Napoleons gewesen war, sein Land verlieren, dafür aber anderwärts entschädigt werden sollte. Der Hauptgegner Preußens war der österreichische Minister Metternich, dessen Wesen Stein scharf durchschaut hatte und von dem er in seinem Tagebuch eine eingehende Charakteristik hinterlassen hat. Er erkennt dessen Verstand, Gewandtheit und Liebenswürdigkeit an, spricht ihm aber Tiefe an Kenntnissen, Arbeitsamkeit und Wahrhaftigkeit ab. Es fehle Metternich, so schreibt Stein, an Kraft und Ernst zur Geschäftsführung im großen, einfachen Stil. Metternich wollte vor allem den Erwerb Sachsens durch Preußen verhindern, und die Streitigkeiten verschärften sich so sehr, daß Österreich und Frankreich im geheimen ein Bündnis abschlossen, für den Fall, daß es zu einem Kriege kommen sollte. Ja, einige Tage schien es, als sollte der Krieg tatsächlich unmittelbar ausbrechen. Endlich aber kam doch eine Einigung zustande. Preußen willigte in eine Teilung Sachsens und erhielt die eine Hälfte desselben mit Torgau, aber ohne Leipzig. In der polnischen Frage hatte Preußen schon früher nachgegeben, doch sich ihm wenigstens Thorn zu, das der Zur anfänglich durchaus für steh in Anspruch genommen hatte. So war die drohende Kriegsgefahr unter den ehemals gegen Napoleon Verbündeten beschworen.

Es war hohe Zeit gewesen, daß man sich in Wien einigermaßen verständigt hatte; denn noch einmal sollte ein Kampf gegen Napoleon notwendig werden. Stein war von vornherein gegen die Verbannung des entthronten Kaisers nach Elba gewesen, das „zwei unruhigen Ländern benachbart" sei ; er hatte das Entweichen Napoleons schon bei dem Friedensschluß gefürchtet, und diese Besorgnis zeigte sich jetzt nur zu wohl begründet. Am 6. März 1815 gelangte die Nachricht von Napoleons Flucht von Elba in Wien an, und am 8. März schlug Stein den Mächten die Ächtung des Friedensstörers vor, die am 13. März angenommen wurde. „Ein sonderbarer Wechsel der Dinge", so schrieb Stein damals, „er, der mich den 15. Dezember 1808 ächtete, wird gegenwärtig in einen ähnlichen und viel schlimmeren Rechtszustand durch einen Beschluß der großen europäischen Mächte gesetzt."

Napoleon hatte inzwischen in Frankreich schnell Boden gewonnen. Die Truppen jubelten ihm zu, und Marschall Ney, den Ludwig XVIII. gegen ihn sandte, ging zu ihm über. Ney hatte beim Abschied dem Könige inbrünstig die Hand geküßt und versichert: „Ew. Majestät werde ich den Tiger gefesselt zu Füßen legen." Diese Szene erzählte er dann höhnisch Napoleon und fügte hinzu: „Ich habe innerlich lachen müssen über das dicke Sch...."

Vor allem wollte Napoleon Zwietracht unter den jetzt wieder verbündeten Mächten säen. Er sandte an den Zaren jenen Vertrag, den Österreich im vorigen Jahre mit Frankreich gegen Preußen und Rußland geschlossen. Als Alexander diese Urkunde erhielt, ward er in der Tat heftig erregt und wechselte die Farbe. Früh am Tage ließ er Stein zu sich rufen, zeigte ihm den Vertrag und sagte: „Ich habe Metternich zu mir entbieten lassen und wünsche, daß Sie als Zeuge zugegen sind." Bald darauf trat Metternich ein. Alexander zeigte ihm das Papier und fragte, ob er es kenne. Metternich verzog keine Miene und schwieg. Als er aber eine Wendung suchen und reden wollte, unterbrach ihn der Zar mit den Worten: „Metternich, solange wir leben, soll über diesen Gegenstand zwischen uns niemals mehr die Rede sein. Jetzt haben wir andere Dinge zu tun. Napoleon ist zurückgekehrt, jetzt muß unser Bündnis fester sein als je."

So war dieser Versuch Napoleons gescheitert, er mußte sich nun schon auf sein Kriegsglück allein verlassen. Es war ihm anfangs auch wieder hold. Es gelang ihm, Blücher bei Ligny zu schlagen, und er wähnte sogar das preußische Heer vernichtet zu haben, mindestens aber von ihm zunächst nichts mehr fürchten zu brauchen. Kühn wandte er sich gegen Wellington, um jetzt auch diesen aus dem Felde zu schlagen. Aber Blücher und Gneisenau hatten nach der unglücklichen Schlacht bei Ligny nicht auf feige Flucht gedacht, sondern sich sofort wieder gegen den Feind gewandt. Trotz des furchtbaren Weges führte der Marschall „Vorwärts" seine Truppen Wellington zur Hilfe, und sein Eintreffen zur rechten Zeit entschied am 18. Juni bei Belle-Alliance endgültig das Schicksal Napoleons. Diesmal wurde der Überwundene nach der weit entlegenen Insel St. Helena verbannt, wo er sein Leben einsam beschließen sollte.

Der Wiener Kongreß war inzwischen beendet. In der deutschen Frage hatte Stein nicht zu erreichen vermocht, was er angestrebt. Die Begründung eines lebenskräftigen, einigen deutschen Bundesstaates gelang nicht. Das Gemisch von Ungestüm und ruhiger Besonnenheit, das einen so wesentlichen Zug im Wesen Steins ausmachte, zeigt sich auch bei diesen Verhandlungen. Klar und sachlich waren seine Ratschläge und die Denkschriften, die er schrieb, und dabei konnte er doch seine Gegner nicht selten in Schrecken setzen, wie einmal, als er, die mächtigen Augen funkelnd, die Nase kreideweiß, dem bayrischen Kronprinzen die geballten Fäuste vors Gesicht hielt. Aber alle Mühe, die Stein aufwandte, um die Fürsten und ihre Ratgeber zur Auferrichtung eines gesunden, gemeinsamen deutschen Staatenwesens zu bewegen, scheiterte an der Eifersucht zwischen Österreich und Preußen und an der Eigenwilligkeit der kleineren Fürsten. Was auf dem Wiener Kongreß als „Deutscher Bund" ins Leben trat, war eine schwächliche Staatenverbindung ohne inneren und äußeren Halt. Unschwer ließ sich der Unsegen voraussehen, der daraus entspringen mußte. Es fehlte damals eben noch die Vorbedingung für eine kräftige Neugestaltung Deutschlands. Erst fünfzig Jahre später auf dem Schlachtfelde bei Königgrätz erfolgte eine Entscheidung, die notwendig war, wenn Deutschland völlig gesunden wollte. Unser heutiges Deutsches Reich ist freilich ein anderes, wie es sich Stein gedacht hat. Ein anderes aber nur deshalb, weil Stein eine so glückliche Gestaltung der Dinge in jenen Tagen der Verworrenheit auch in seinen kühnsten Hoffnungen nicht zu erdenken vermochte.

STEINS LETZTE LEBENSJAHRE

Stein hoffte, den Abend seines Lebens im Kreise seiner Familie friedlich verleben zu können. An Stelle Birnbaums hatte er die Domäne Kappenberg in Westfalen, nahe seiner Heimat, gekauft, und hierhin wollte er seine Gemahlin mit den Töchtern führen. Doch solch ungetrübtes Glück sollte ihm nicht beschieden sein. Noch ehe er zu den Seinen gelangt war, erreichte ihn die Nachricht von der schweren Erkrankung seiner Gattin, und er kam nur noch nach Nassau, um ihr die Augen zuzudrücken. Am 15. September 1819 starb die vielgeprüfte Frau, die ihr redlich Teil an den Mühen und Sorgen des Gatten getragen und vielleicht noch mehr gelitten hatte, weil sie als Weib nicht tätig eingreifen, nur still dulden und entsagen konnte. So ward das Leben des 62jährigen Mannes ein einsames, um so einsamer, als die Töchter sich im Laufe der Jahre verheirateten. Als ein rechter Landmann widmete er sich der Pflege seiner Besitzungen und fand die größte Freude im Verkehr mit den Bauern. Nach alter Sitte ward in dem freiherrlichen Hause offene Tafel gehalten, und niemand, auch nicht der Dürftigste pochte vergebens an die Tore von Kappenberg. Der Mann, der gegen Fürsten heftig und hochfahrend sein konnte, ward von dem Volke ringsumher als der leutseligste, hilfreichste, wohlwollendste Herr verehrt. An dem großen politischen Leben wollte Stein hauptsächlich deshalb nicht mehr teilnehmen, weil die ihm von österreichischer und preußischer Seite angebotenen Stellungen – er sollte unter anderem Präsident des von ihm so gering geschätzten deutschen Bundestages werden – ihm nicht zusagten. Freilich war die Zurückgezogenheit, in der er lebte, keineswegs Untätigkeit. Mit lebhaftem Interesse verfolgte er alle politischen Begebenheiten und stand teils in persönlichem Verkehr, teils in Briefwechsel mit vielen hervorragenden Männern seiner Zeit, vornehmlich suchte er auch die Erforschung der vaterländischen Geschichte zu fördern, und im Jahre 1818 gründete er, nachdem er mit einer Anzahl von Freunden und Strebensgenossen, darunter Goethe, den Plan hinlänglich erwogen, die Gesellschaft für ältere deutsche Geschichtskunde. Die Hauptaufgabe dieser Gesellschaft war die Herausgabe jener Quellen, aus denen wir Kunde über die älteren Zeiten der deutschen Geschichte schöpfen. Besonders verdient um dieses unter dem Namen „Monumenta Germaniae" bekannte Werk hat sich der Geschichtsforscher Pertz gemacht. Dieser hat auch zugleich nach Steins Tode seinem Gönner in einer ebenso ausführlichen wie ausgezeichneten Lebensbeschreibung desselben ein schönes Denkmal gesetzt. Auf der Darstellung des Lebens des Freiherrn von Stein durch Pertz beruht wesentlich auch unser Büchlein.

Als die landständische Verfassung in Preußen eingeführt wurde, trat Stein an die Spitze des Westfälischen Landtags als Landtagsmarschall. Es waren Steins alte Forderungen, die hier freilich in etwas verstümmelter Form ins Leben traten, und der alte, bereits auf einem Auge erblindete Mann fühlte die ganze freudige Tatkraft und Entschlossenheit seiner Jugend wieder, da er jetzt helfen konnte, hierin seiner engeren Heimat manche seiner alten Wünsche in Taten umzusetzen.

Mit Stolz und Freude sahen die ständischen Abgeordneten den großen Mann unter sich; aber mancher mußte die Erfahrung machen, daß er gegen Schwätzer und untüchtige, unklare Köpfe noch gerade so energisch auftreten konnte als in vergangenen Tagen. Ein Abgeordneter, Gastwirt aus Unna, kam ängstlich zum Marschall, um zu erfahren, was er eigentlich in der Versammlung zu tun habe?

„Sich hinsetzen und hören, was klügere Männer sagen!" war die niederschmetternde Antwort. Derselbe Abgeordnete überreichte dem Freiherrn einst eine seitenlange Petition über Stahl. Stein fragte scharf: Was ist Stahl? Wozu braucht man Stahl?" Der verdutzte Gastwirt wußte keine Antwort zu finden und stammelte nur: „Das weiß ich nicht!" - „Dann überreichen Sie keine Petitionen, die Sie nicht verstehen!" und Stein riß die Bittschrift mitten entzwei.

Ein anderer meldete sich an, um einen Vortrag zu halten. Stein empfing ihn mit den Worten: „Aber kurz, wenn ich bitten darf, und dann etwas Vernünftiges und Gescheites, bis jetzt habe ich nur dummes Zeug von Ihnen gehört!"

„Ich bedaure", sprach der Abgeordnete, „mit Ew. Excellenz nicht immer einerlei Meinung sein zu können." - „Nein, nein, nein, wir haben nichts miteinander gemein als Essen und Trinken!"

Das war noch die ehemalige, jugendliche Raschheit und der Zornesmut, der von Altersschwäche nichts wußte. Auch der Großherzog von Weimar hat sich einmal bei anderer Gelegenheit eine derbe Lektion seitens Steins zugezogen. Der Großherzog hatte Stein in Nassau be-

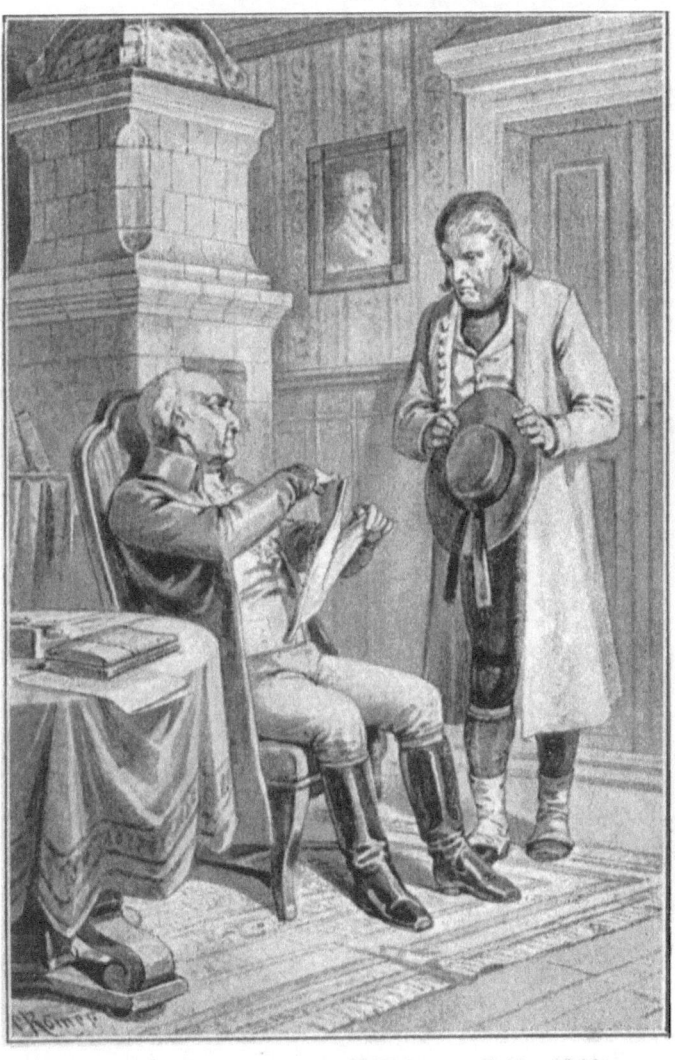

Stein als Landtagsmarschall in Westfalen zerreißt ein thörichtes Bittgesuch.

sucht, und beide machten einen Ausflug nach Koblenz. Zwei geistreiche Männer waren da zusammen gekommen, erzählt Arndt, aber Stein war mehr. Der Großherzog erzählte vor jüngeren Offizieren eine Menge anstößiger Geschichten in einer leichtfertigen und lockern Weise, so daß unserm Stein bald der Kamm schwoll. Weil der Großherzog aber damit gar kein Ende finden konnte, hielt Stein nicht länger an sich und sagte: „Ich habe immer einen Abscheu gegen schmutzige Geschichten gehabt, halte es aber für durchaus ungeziemend, daß ein deutscher Fürst dergleichen vor jungen Offizieren führt." - Totenstille folgte. Nach einigen Minuten fuhr sich der Großherzog mit der Hand übers Gesicht und setzte dann, als sei nichts vorgefallen, die Unterhaltung fort. Den Anwesenden aber war es heiß und kalt geworden, und ein alter Oberst gestand beim Nachhausegehen seinem Begleiter, er wolle lieber das Feuer einer Batterie als solche Rede aushalten; und der Oberpräsident der Rheinlande meinte: „Nein, wie der mit Fürsten umgeht! Mir ist noch ganz heiß davon!"

Am hellsten loderte Steins Zorn auf, als er sich einmal gegen eine infame Beschuldigung zu verteidigen hatte, die seine sittliche Ehre antastete. Im November 1829 erschienen die Lebenserinnerungen des französischen Staatsministers Bourienne. Dieser erzählte darin von der Verhaftung eines gewissen Baron de la Sahla wegen des Verdachts, Napoleon ermorden zu wollen, und teilte in seiner Darstellung folgende Stelle mit. „De la Sahla soll ferner erklärt haben, er habe eine Reise nach Wien gemacht und bei dieser Gelegenheit Herrn v. Metternich eröffnet und bewiesen, daß er durch Herrn von Stein, preußischen Minister, aufgefordert sei, Herrn von Montgelas, bayrischen Minister, zu vergiften, worüber Herr v. Metternich Unwillen und Schrecken geäußert." Stein war aufs tiefste empört über diese freche Verleumdung. Freilich war Montgelas eine elende Kreatur Napoleons gewesen und hatte dem Vaterland viel Schaden zugefügt, und freilich hatte Stein ihn auf dem Wiener Kongreß heftig bekämpfen müssen; aber wie hätte der sittenreine, offene und gerade Charakter Steins jemals auf den feigen Gedanken des Meuchelmordes kommen sollen und dazu noch gegenüber einem verhältnismäßig so unbedeutenden Gegner, wie es Montgelas war. Stein war sofort entschlossen, sich öffentlich vor der Welt zu rechtfertigen. Er erließ in französischen und einer deutschen Zeitung eine Erklärung, welche die gewissenlose Beschuldigung brandmarkte und widerlegte. Auch Metternich, obwohl ein politischer Gegner Steins, legte Zeugnis ab für die Unwahrhaftigkeit und Schändlichkeit jener Verdächtigung, und Herr Bourienne hielt es endlich für geraten, jene Stelle aus seinen Denkwürdigkeiten in einem späteren Bande zurückzunehmen.

Indes machte sich das Alter bei dem greisen Freiherrn immer mehr geltend, und seine Gesundheit begann zu weichen. Ein Schlaganfall war glücklich überwunden, wiederholte sich aber im folgenden Jahre 1831. Er sank bei Tisch um, die Zunge war gelähmt, und er blieb fünf Stunden lang in tiefer Ohnmacht. Bald darauf kam der Schulze von Altkappenberg, um den greifen Herrn nach seiner Gewohnheit zu besuchen. Nach der Begrüßung, so erzählt Pertz, sagte Stein: "Wie geht es Ihnen, Herr Schulze?" – „Als es mit so alten Kerls, als wir sind, zu tun pflegt; aber was habe ich gehört, Ihre Gnaden Excellenz wären zu Boden gestürzt?" – „Ja", erwiderte Stein, „ich bekam über Tisch einen starken Schwindel." Der Schulze fuhr fort: „Ich bin nun auch schon fünfmal zu Boden gestürzt, daß sie mich jedesmal für tot ins Haus getragen haben. Sie sollen aber sehen, Ihre Gnaden Excellenz, wenn es wieder repetiert, so sollen wir wohl daran müssen!" – „Mein lieber Herr Schulze", versetzte Stein, „das steht alles in Gottes Hand."

Im Mai machte Stein noch einmal einen Waldspaziergang mit seinem Oberförster Poock. Als sie in den Garten zurückgekehrt waren, sagte er im Laufe des Gespräches plötzlich mit der größten Heftigkeit: „Ich erlebe es nicht, Sie können es noch erleben. Fürchterliche Kriege, Völkerwanderungen und Gott weiß, was noch alles Fürchterliche mehr!" Stein dachte hier offenbar an ähnliche Erscheinungen, wie die Französische Revolution es gewesen; er ahnte das Jahr 1848 voraus. Sorgsam hatte er in den letzten Jahren die politischen Bewegungen verfolgt und fortgesetzt geraten, man solle, um schwere Erschütterungen zu vermeiden, dem Reiche und Preußen eine neue Verfassung mit einer Volks-Vertretung geben, wie sie immer lebhafter und allgemeiner verlangt wurde.

Am 17. Juni erschien Stein zum letzten Mal auf dem Kreistage zu Hamm. Am 21. Juni zog er sich jedoch eine Erkältung zu. Er war beim Spaziergange von heftigem Gewitterregen überfallen und kam ganz durchnäßt nach Hause. Zwar war er am folgenden Tage beim Mittagsmahle noch heiter, belustigend und unterhaltend, doch stellte sich schon am Abend heftiges Fieber ein. Stein selbst fühlte, daß er seinem Ende entgegengehe. Für diesen Fall hatte er verfügt, daß sein Leichnam einbalsamiert, daß sein Sarg mit seinen eigenen Pferden nach Frücht gebracht werde, um dort in der Familiengruft beigesetzt zu werden, und daß der Sarg mit einer Metallplatte versehen werde, worauf Steins Geburts- und Sterbetag bezeichnet sei. Auch sonst ordnete er alle seine Verhältnisse. Doch trat in den nächsten Tagen noch einmal eine Besserung ein, und Stein vermochte sich sogar seiner gewöhnlichen Beschäftigung zu widmen. Er saß meistens im Sessel, las, schrieb und unterhielt sich mit seiner Umgebung. Mit seinem Oberförster Poock besprach er ausführlich die Verbesserungen in seinen Forsten. Am 28. Juni klagte er über große Schwäche, doch ließ er sich noch von seiner alten Gesellschafterin, die Erzieherin seiner Töchter gewesen, die Zeitungen vorlesen. Er sagte zu ihr: „Gott wird mir gewiß nach einem so reichlich gesegneten Leben auch die Gnade verleihen, mich zur rechten Zeit abzurufen." Er aß mit Appetit und trug seinem Poock aus, unmittelbar nach seinem Ableben alles, was sich auf seinem Schreibpult finde, hinein zu legen, das Pult zu verschließen und den Schlüssel seinen Kindern zu übergeben. „Morgen", sagte er, „wollte ich nach Pyrmont, wo sich meine Tochter Therese mit ihrem Mann und ihrem Söhnchen befindet, verreisen, was ich, da ich krank bin, nun nicht kann. Ich hätte gern meinen kleinen Enkel gesehen."

Am Abend fühlte er sich recht wohl. „Ich bin nicht krank", sagte er, „ich fühle ein Wohlleben, eine Glückseligkeit, die nicht zu beschreiben ist." Es war dies das letzte Aufflackern der Lebensfreude. In der Nacht steigerte sich das Fieber, und zeitweise verlor er das Bewußtsein. Am andern Morgen nahm er von seiner Umgebung, seinen Beamten und Dienern, von jedem einzeln, Abschied. Er verlangte nach geistlichen: Zuspruch, der ihm zu teil wurde, und empfing das Abendmahl. Gegen sechs Uhr abends, es war der 29. Juni 1831, erfolgte der Lungenschlag, den man hatte erwarten müssen; ein sanfter Tod trat ein, und ein milder Friede verklärte die ehrwürdigen Züge des Verschiedenen.

Stein wurde, wie er es vorgeschrieben, in dem Erbbegräbnis seiner Familie in Frücht beigesetzt, betrauert von der gesamten Nation, die seinen Wert wohl erkannt hatte. Man hat das Wesen Steins schön und treffend in einem kurzen Spruch ausgedrückt, der unsere Darstellung beschließen möge:

> Des Guten Grundstein,
> Des Bösen Eckstein,
> Aller Deutschen Edelstein.

www.ingramcontent.com/pod-product-compliance
Lightning Source LLC
Chambersburg PA
CBHW030556230426
43661CB00054B/2154